キャリア教育論

若者のキャリアと職業観の形成

寺田盛紀 |著|

学文社

まえがき

　本書『キャリア教育論―若者のキャリアと職業観の形成―』は，キャリア形成・キャリア教育について著者がここ10年間くらいの間に書き残した論稿に若干の章を書き加え，1冊の書物として纏めたものである。2006（平成18）年度以降，講座内の領域名を「職業・キャリア教育学」を名乗っている者としての社会に対する1つのレーゾン・デートルの表明ともいえる。また，2000年ごろから高等学校や大学におけるキャリア教育関連の文部科学省や厚生労働省等の審議会・委員会に身を置き，多少なりともこの分野の諸提言，行政文書の作成に関わってきた者としての可能な範囲での証言的な意味もある。

　書名のサブタイトルにあるように，本書は直接には中等教育段階から高等教育，そして就職後初期段階から「キャリア中期」段階（シャイン，E.）にわたるキャリア教育・キャリア開発をキャリア形成というより広い視角から説明することを課題としている。つまり生涯に亘るキャリア発達・職業的発達の視点から学校外の，家庭や課外の生活活動，企業での職業生活等と関連づけて分析することを企図したものである。したがって，本書は，問題の背景，概念・定義にはじまり，キャリア教育の領域論，内容論，高校・大学・企業におけるキャリア教育・開発，そして彼・彼女らの職業選択や職業観形成という編成になっている。

　本書は『キャリア教育論』という書名を採用しているので，1つの教科書的記述を心がけてはいる。しかし，「学」とせず，あえて「論」としたのは，この分野に対応する学会（日本キャリア教育学会）が存在するとはいえ，「学」と呼ぶほどの歴史や大学等の研究機関に「キャリア教育学」と称する分野（国立大学でいえば以前の小講座）が存在するわけでもないからである。加えて，本書は筆者のキャリア教育論でもある。

　本書のキャリア教育論は，一読していただければ即座に理解してもらえるが，1つはジェネリックスキルの育成もしくは勤労観・職業観の形成に偏向しがち

なわが国のキャリア教育に対して,仕事や職業に焦点化した上で,知識,スキル,基礎力（汎用的能力），見方・価値観をバランスよく目的化することを特色としている。また，それらを単なる目標や教育原理としてではなく，内容論（カリキュラム）として組織化すべきことがもう1つの主張でもある。

　このような試論的キャリア教育論ではあるが，1つの理論的かつ実践的研究書として，本書が多くの方々に読まれ，あらたな研究・実践の展開の一助となることを願い，序言としたい。

　　2014年5月

寺田　盛紀

目　次

まえがき（i）

第1章　日本的なキャリア形成メカニズムの変容 ……………………………………… 1
　　　　―学校・大学から仕事生活への移行とキャリア教育―

　　　1．従来の日本的移行モデル（2）　2．日本的メカニズムの揺らぎ（5）　3．キャリア教育の導入・職業教育の改革（14）

第2章　キャリア形成・キャリア教育の概念と対象 …………………………………… 18

　　　1．キャリア形成に関する関係諸概念（18）　2．キャリア形成研究のコンセプトと対象領域（28）

第3章　キャリア教育の受容と日本のキャリア教育理解 ……………………………… 36
　　　　―アメリカの職業教育志向と日本の職業啓発志向―

　　　1．キャリア教育の受容と理解（36）　2．アメリカにおけるキャリア教育の展開（41）　3．比較対照といくつかの検討課題（47）

第4章　キャリア教育の領域と構造 ……………………………………………………… 52
　　　　―職業指導からキャリアガイダンスそしてキャリア教育へ―

　　　1．職業指導の時代（52）　2．職業指導から生き方指導の進路指導へ（54）　3．キャリア教育の実践とその領域（55）　4．キャリア学習の教育課程における位置づけ（60）

第5章　高校におけるキャリア教育と進路指導の実践 ………………………………… 65
　　　　―進学普通校・進路多様普通校・専門高校の比較―

　　　1．関連する研究と課題（65）　2．「進学普通校」における仕事への移行のモラトリアム：A高校（67）　3．B工業高校における仕事への移行：就職指導と職業教育カリキュラム（70）　4．「進路多様普通校」における仕事への移行：C高校（74）　5．高等教育志向と職業準備的キャリア教育（77）

第6章　高校生・大学生の職業選択の現実 ……………………………………………… 79

　　　1．高校入試・大学入試を媒介にした進路・希望職業の変化（79）　2．高校生の進路・職業選択の4カ国比較（85）　3．わが国の職業選択の状況と問題（91）

第7章　高校生の職業観の発達・変化と生活・学習活動の影響 …………… 94
　　　　―6カ国における2009年と2011年の比較縦断調査結果から―
　　　1．職業観に関する先行研究と課題（94）　2．調査方法・課題（97）　3．結果
　　　1：キャリアモデルの有無のパターンと職業観との関連（102）　4．結果2：キ
　　　ャリアイベントの選択・非選択と職業観の関連（106）　5．考　察（111）
　　　6．まとめ（118）

第8章　高校生の職業観形成に対する教育・生活活動の作用 ………………… 121
　　　　―日・独・韓3カ国における高校3年生の生活時間の事例調査結果から―
　　　1．比較縦断アンケート調査から抽出された若干の論点（121）　2．子ども・高
　　　校生の生活時間研究（Time Budget Survey）（123）　3．調査方法・課題
　　　（126）　4．結果：高校生の生活時間の実態（128）　5．生活時間調査の比較と
　　　考察（132）　6．生活時間調査の今後の課題（136）

第9章　大学生のキャリア形成と大学におけるキャリア教育 ………………… 138
　　　1．なぜ大学生にキャリア教育なのか（138）　2．大学におけるキャリア教育の
　　　試み（142）　3．大学の教育課程内外におけるキャリア教育・支援（147）
　　　4．名古屋大学の研究グループの構想（152）　5．大学教育とキャリア教育の接
　　　点（154）

第10章　企業社会における成人のキャリア形成と教育訓練 ………………… 159
　　　　―労働市場論・キャリア移動の側面から―
　　　1．労働市場論とキャリア発達論からみたキャリア形成（159）　2．日本の企業
　　　社会におけるキャリア形成・職業移動は内部型だけか（163）　3．就職後の職業
　　　能力開発・企業内教育（168）

あとがき（181）

索　引（183）

第1章
日本的なキャリア形成メカニズムの変容
― 学校・大学から仕事生活への移行とキャリア教育 ―

学校・大学での学業期から就職後初期段階くらいまでのキャリア形成過程は，1970年代末から使われている「学校から仕事生活への移行」(Transition from School to Working Life) というコンセプトと関連づけて理解し，分析できる。その場合，そのアプローチが問題になる。

これまでの内外における「移行」研究，いわば若者のキャリア形成研究は，OECD (2000, p.21) がいう "structural approach" (organizational transition, job placement) に傾斜し，"learner centered approach" を欠いていた。筆者は，

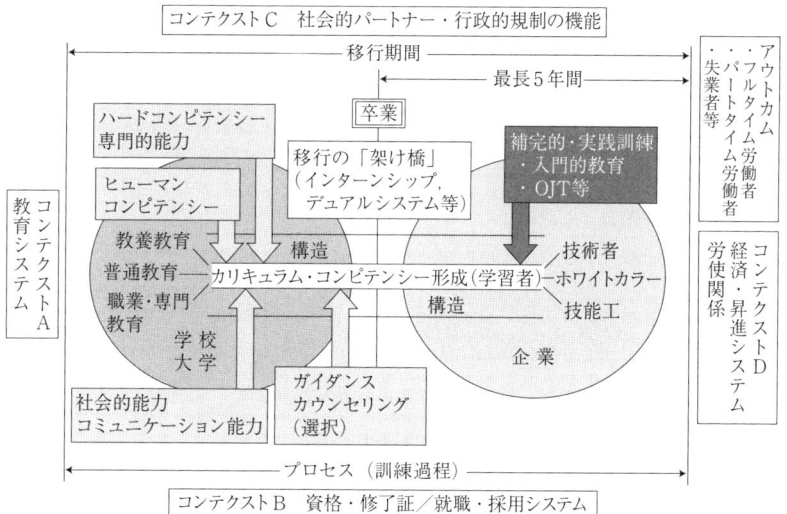

図1-1 移行過程の分析に関するコンセプト
出典：OECD, 2000, pp.195-197 を改作

それを"curriculum transition"（教授・学習過程による仕事能力面での準備）と"psychological transition"（仕事への心理的準備）から構成される「キャリア・コンピテンシー形成過程（career competency formation process）」という概念に置き換え，教育学的，心理学的視点から検討する必要があると考える。図1－1は，OECDの移行分析の枠組み（OECD, 2000, pp.195-197）に示される移行の4つのアスペクト，つまり文脈（context），期間（duration），プロセス（process），結果（outcome）をふまえつつ，そのプロセスを構造的・組織的過程とキャリア・コンピテンシー形成過程という観点から補足し，シェーマ化したものである。

そこで，ここでは日本の高校生や大学生の「移行」システムと近年の変化について，キャリア・コンピテンシー形成の視点から，そのいくつかのアスペクトに即して明らかにする。

1．従来の日本的移行モデル

寺田がドイツ連邦職業教育研究所の第5回専門大会で述べた（Terada, 2007）ように，日本社会は，学校から就業生活への移行に関して，移行の「期間（duration）」を仮に入学後から就職・卒業後数年間とした場合，第二次世界大戦後，以下の4つの局面・特質を学校と企業社会との間で形成してきた。

1－1　カリキュラム移行

第1に，学校教育研究の中核的な問題である教育目標やカリキュラム構成の問題，つまり筆者が「カリキュラム移行」と名づける側面に関して述べる。日本では，学校と企業が学卒者および新規採用従業員の労働力の養成において，普通教育もしくは基礎的・座学志向の，産業別を特色とする職業教育と新入社員教育，中堅社員の能力開発を時間的に前後して分担しあっている。

まず，職業教育を提供する専門高校も普通高校と同様，1つの種類の高校であり，そこでの職業教育はいわゆる統一高校の枠内の専門教育として行われる。したがって，正規のカリキュラムの過半を普通科目が占める。職業科目は多く

てカリキュラム全体のなかの45％程度，商業科の場合に至っては25～30％程度にすぎない。そのなかで，スキルの訓練に当てられる時間は週数時間，さらに，その実習は企業でなく，校内におけるそれである。かつて，ベネットはドイツのように，徒弟制度が残存し，パートタイムの補習学校がそれを補完する制度—今日では一般にデュアルシステムと呼ばれる—を「『完全職業学校』へのスローな出現」("The complete trade school was slow incoming") と呼んだが (Bennett, A., 1926, p.289)，筆者は，むしろ，上記のような日本の職業教育を「移行の架け橋を欠いた職業教育」「学校による自己完結的職業教育」，ベネット流にいえば「不完全な職業教育」と呼ぶ。ドイツのデュアルシステムでは学校と企業が理論とスキルの教育をパラレルに分担・組織するのに対して，日本の場合，両者（官僚制モデルと市場モデル）があいまいに，かつシリアルに関連し，接続する。

　これら高校職業教育のカリキュラム構造上の特色は，医師養成，保健師・看護師養成など，現場実習が必修化されている課程を除けば，大学の専門教育（その割合はいわゆる教養科目の2倍以上あるとはいえ）にも該当する。

1−2　「組織間移行」

　第2に，他方，とくに高卒就職の分野で知られているように，学校と企業との間での労働力の受け渡しという「組織間移行」の面では，「組織的連携」("institutional linkage") といわれるシステム（Kariya, 1998, pp.332-333）のように，カリキュラム移行における「欠落」を補うべく，高校と企業は非常に緊密な，隙間のない関係を築いてきた。つまり，①一人一社主義（1回だけの入社試験の機会），②学校による就職斡旋，③誰がどの会社の入社試験を受けるかを決める校内選抜，④全国一斉の就職選抜（入社）試験，⑤結果として形成される，学校と企業の間の長年の実績関係，などの特色が形成されてきた。これらは，いわば計画経済的な就職配分といえなくもない。もともと日本では生徒の職業選択はむしろ企業選択の性格が強いのだが，それにしても企業選択の余地さえそれほど大きくはない。

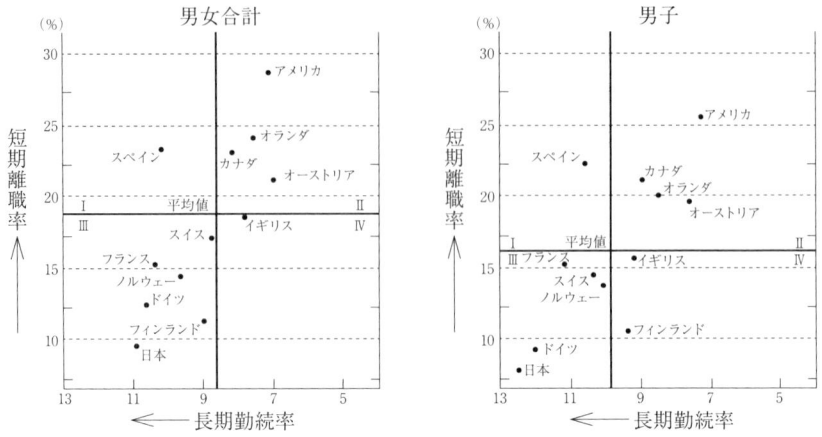

図1－2　OECD加盟国間の短期離職・長期勤続率の比較（1991年）
出典：OECD, 1993, p.133

1－3　就職後のキャリア形成

　第3に，就職後の企業での初期キャリアの形成に関して，周知のように，日本の労働者・職員は学歴別の雇用制度，離職率（勤続1年以内の離職率）と平均勤続年数，つまり図1－2の企業定着率に関する国際比較の左側部分（1991年男女合計，右は男子のみ）にみられるように，年功制（長い経験年数優位の賃金や昇進）や，同一企業内での配置転換や職場内ローテーションを通じて，多様な職能・仕事を体験し，キャリアを広げ，高めていく。日米独，3カ国のホワイトカラーのキャリア形成過程をアンケート調査した小池等は，ドイツが同一職能内同一企業内移動，アメリカが同一職能内多企業間移動を特色とするのに対して，日本は同一企業内多職能間移動であると実証している（小池・猪木, 2002, p.266）。

　日本では，企業内での労働移動と併行して，階層別，職能別のOff JTやOJT，さらに自己啓発支援など，企業内でのきめ細かな従業員教育を施すというのが日本的キャリア形成モデルに関する標準的説明である（小池, 1997, 第1章）。

　しかし，これらは，大企業の男子幹部社員のモデルであり，実証性を欠いたステレオタイプであるとの多くの批判もある（野村, 2001）。

しかし，国際的に特色ある慣行であることに変わりはない。いずれにせよ，1960年代までに職業高校を卒業した多くの者が会社幹部，工場長まで上り詰めるということが可能な，垂直移動の可能な社会である。

1-4 心理的移行

第4に，入職前の高校生や大学生の職業意識・職業選択，つまり心理学的移行は，上記のような成人従業員の就業人生を反映し，また学校と企業との緊密な採用・就職斡旋を反映し，成人労働者・従業員のそれと同様，企業組織志向，それへのroyaltyが高いものとなり，ドイツのように職業志向ではないとの指摘（Georg, 1995, p.53 ／ 1993, chapter 7）は概ね妥当である。

アメリカの職業（キャリア）心理学者であるシャイン（Schein, 1978, pp.128-129）の言葉を援用するならば，アメリカ人ではメジャーなキャリア・アンカー（career anchor）である「専門的・職能志向」（technical and functional oriented）ではなく，日本の若者，従業員は伝統的に安定（stability）や奉仕（service）をより強く志向する（尾高，1970, pp.239-249）。

2．日本的メカニズムの揺らぎ

以上の構造的特質は，1990年代初頭のバブル経済崩壊，あるいはミレニアムころまでに特徴的であった。

2-1 卒業後の企業での教育訓練の縮小

1990年代から2000年代にかけて，就職後においてでは長期雇用従業員のキャリア蓄積にも大きな変化が起こってきている。端的にいえば，典型的な日本的人材育成方式であるOJTの収縮（キャリアの中断化減少）などの動きである。この問題は日本社会の人材育成方式の転換に関わる問題であるだけに，やや深刻な問題である。つまり，学校・大学と企業との雇用能力育成という点での分担関係は，わが国では，前者が主として教養的知識や専門学術的知識の育成をはかり，後者がそれを受けて，新入社員教育やOJTを通して社会人としての

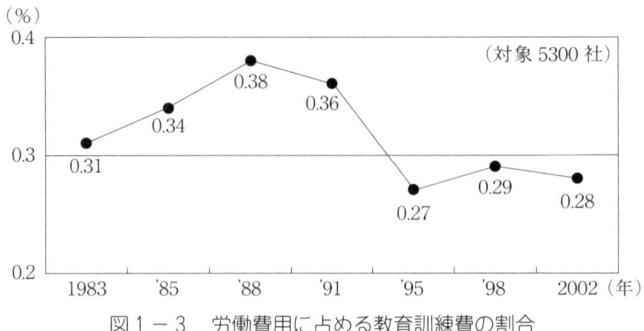

図1-3　労働費用に占める教育訓練費の割合

出典：厚生労働省，2003

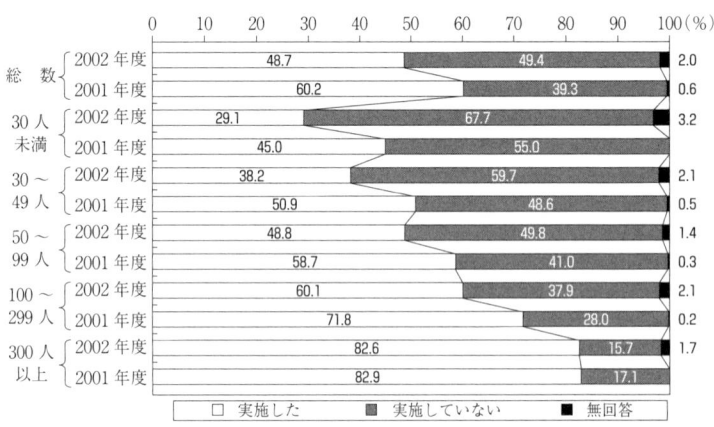

図1-4　Off JTの実施状況

出典：厚生労働省職業能力開発局，2004

基礎スキルや実務的知識・スキルの訓練を補うという関係が築かれてきた。近年，その関係に，とくに企業の教育訓練に微妙な変化が見られる。

図1-3は1983年以降の労働費用に占める教育訓練費の割合である。これは主要には新入社員教育をはじめとした階

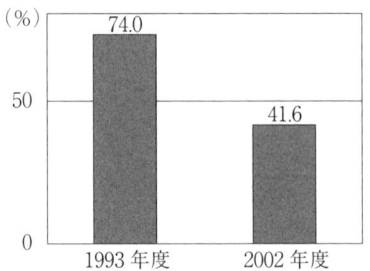

図1-5　OJT実施状況の変化

出典：厚生労働省『能力開発基本調査』

層別就業教育（Off JT）の（費用）低下を意味する。実際，例えば，厚生労働省の『職業能力開発基本調査』での実施状況は，2001（平成13）年度に対して2002（同14）年度の落ち込みは激しい（図1-4）。

このような日本企業の人材育成方式の国際的強みともいうべき，OJTの歴史的落ち込みは，企業の教育力の低下を端的に物語る（図1-5）。OJT は Off JT のようにすぐには外部化困難な部分であるだけに，労働者・従業員のキャリア蓄積にとって障害となるばかりか，企業が提供するサービス・商品の品質低下，モラル（セーフティー）・ハザードにもつながる。

2-2 伝統的終身雇用と新卒採用市場の変化：スムーズでない組織間移行

(1) 複線型雇用制度と非正規雇用（「フリーター」）

企業社会では，1995年に日経連が複線型雇用制度，つまり「長期蓄積能力活用型」（終身雇用による伝統的雇用），「高度専門能力活用型」（年俸制による有期雇用）に加えて，「雇用柔軟型」（時間給等による短期雇用）からなる3つの雇用タイプを提言（日本経営者団体連盟，1995, p.32）して以降，日本的移行メカニズムはかなりの変貌を遂げている。以下，それぞれの移行アスペクトに即して，主要な動向を摘記する。

まず，わが国企業社会の雇用・経営政策の変化，「日本的経営」として内外に知られた，日本人の職業人生（年功制や終身雇用）における大きな変化が起こった。それまでの日本的雇用形態が年功制・終身雇用が適用される「長期蓄積能力活用型グループ」中心であったかどうかは疑わしいけれども，その後，スペシャリストタイプ，すなわち有期雇用の「高度専門能力活用型グループ」，さらにパート仕事・フリータータイプの「雇用柔軟型グループ」へと拡大するというものである（表1-1参照）。もちろん，この時期に，派遣労働やパート労働が著しく拡大した。

より新しい雇用形態としての雇用柔軟型グループに関する法整備状況を示すと以下のとおりである。「労働者派遣法」は1985年に「ソフトウェア開発」「機械設計」「ファイリング」「財務処理」「添乗」など16業務の派遣業の認可に始

表 1 - 1　新時代の雇用の 3 形態

	雇用形態	対　象	賃　金	賞　与	退職金・年金	昇進・昇格	福祉施策
長期蓄積能力活用型グループ	期間の定めのない雇用契約	管理職・総合職・技能部門の基幹職	月給制か年俸制 職能給 昇給制度	定率＋業績スライド	ポイント制	役職昇進 職能資格昇格	生涯総合施策
高度専門能力活用型グループ	有期雇用契約	専門部門（企画，営業，研究開発等）	年俸制 業績給 昇給なし	成果配分	なし	業績評価	生活援護施策
雇用柔軟型グループ	有期雇用契約	一般職 技能部門 販売部門	時間給制 職務給 昇給なし	定率	なし	上位職務への転換	生活援護施策

出典：日本経営者団体連盟，1995

まり，1996年改正で「広告デザイン編集」など10業務の追加，1999年には「警備」「医療関係」，各種の「士」など6業務グループを除き原則全面自由化という方向が拡大されてきた。「パートタイム労働法」は1993年に制度化されているが，これもすでに夥しく拡大していた短時間労働者の雇用条件改善を後追いで法制度化したものである。

(2) 学卒無業の常態化

学卒者の就職（組織間移行）に関して，最も特徴的な変化として，学卒無業の常態化があげられる。表1-2に示すように，2014年3月時点の場合，学卒無業者の割合は，表では示していないが「一時的仕事についた者」1万3621人と表中の「左記以外の者」5万3812人を合わせる6.2％とやや低くなっているが，1990年代以降，一貫して10％近くが中等後教育も受けず，就職もできない状況になっている。大卒者の場合は20％前後にもなる。高校では，本来は就職希望であるのに，就職が難しそうだとなると，生徒は卒業後の進路希望を就職でなく，専修学校や私大への進学に変更する。

さらに，1998年以降，新規学卒就職への求人構造に大きな変化，つまり高卒から大卒への転換が起こっている（寺田，2009，p.122)。そのため，新卒就職市場一般が雇用市場逼迫により縮小しているなかで，高卒求人の落ち込みはひどく，不動産や株式への過剰な投機を特色とした1990年代初頭の「バブル経済」の崩壊直後，1992（平成4）年3月時点の求人数（167万），求人倍率（3.34

表1-2　2013（平成25）年度高卒者の学科別進路

学科	計	大学等進学者(A)	専修学校(専門課程)進学者(B)	就職者	左記以外の者	大学等進学率(%)	専修学校(専門課程)進学率(%)	就職率(%)
合　計	1,088,124	578,554	185,378	183,619	53,812	53.2	17.0	17.0
普　通	794,230	494,133	122,390	64,042	42,438	62.2	15.4	8.1
農　業	27,605	3,817	7,043	14,316	871	13.8	25.5	52.2
工　業	82,571	12,327	12,289	52,238	2,098	14.9	14.9	63.3
商　業	70,111	17,988	18,544	28,348	2,372	25.7	26.4	40.7
水　産	2,912	460	403	1,825	87	15.8	13.8	62.7
家　庭	13,839	3,429	4,042	5,072	587	24.8	29.2	37.0
看　護	4,642	3,919	435	191	81	84.4	9.4	4.9
情　報	755	294	223	156	40	38.9	29.5	20.7
福　祉	3,145	610	683	1,650	81	19.4	21.7	53.1
その他	32,864	22,016	3,430	1,683	2,307	67.0	10.4	5.2
総合学科	55,450	19,561	15,896	14,098	2,850	35.3	28.7	25.6

注：大卒・専修専門・左記以外の者＝無業者・就職者のみ。
出典：文部科学省，2013，表227

倍）が，2013年3月段階ではわずか20.8万人，1.37倍まで減少している（労働政策研究・研修機構，2013）。このようななかで，すでに文科・厚労両省共同の「高卒者の職業生活への移行に関する研究」最終報告書（文部科学省・厚生労働省，2002, pp.10-14）に見られるように，求人件数・倍率の低調さが続くなかで，一人一社主義を事実上修正せざるを得なくなり，また学校と企業の伝統的な実績関係（高卒者の送り出し・受け入れ関係）が縮小せざるを得ない状況になっている。

2-3　就職後初期キャリアにおける変化：早期離職，転職・転企業

　就職後のキャリア形成において，上記のような学卒無業だけでなく，就職後の転職，早期離職などによるキャリアの中断が起こる。日本的な新卒者採用とリンクした同一企業への高い定着性（長期勤続や終身雇用の慣行）も揺らいでいる。とくに，若者の早期離職が目立ってきた。卒業し，就職して3年以内に離職する者の増大，それを「7・5・3現象」呼ぶが，その傾向は1980年代以降収まらない。大卒者のそれはしばしば40％に近づくこともあり，筆者は「7・

5・4現象」と呼んでいる（図1－6参照）。

　問題は，高卒の50％の内訳である。もちろんその数字は全国平均であり，もっと高いところもあれば，以下に示す三重県の例で見るようにそれほど高くないところもある。しかし，それほど重要な問題であるにもかかわらず，そのことに関する確定した実証的データはない。そのなかで，三重県が2008年に実施した高卒就職者の企業先に対する悉皆調査（表1－4）は，きわめて興味

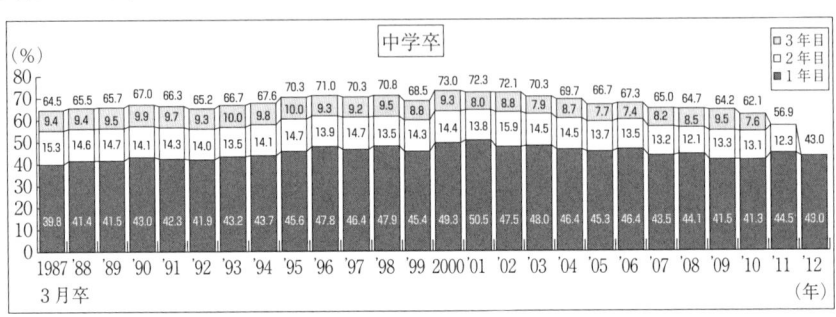

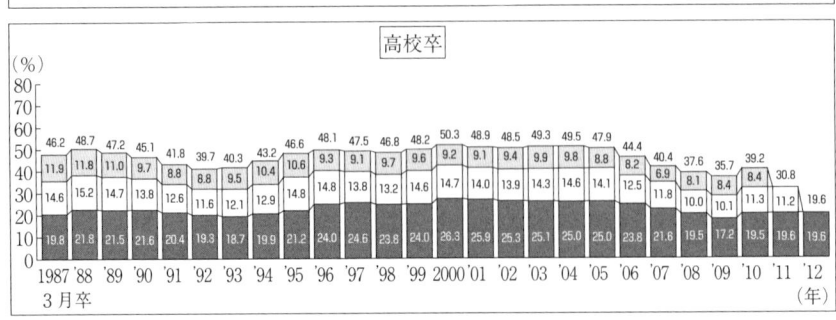

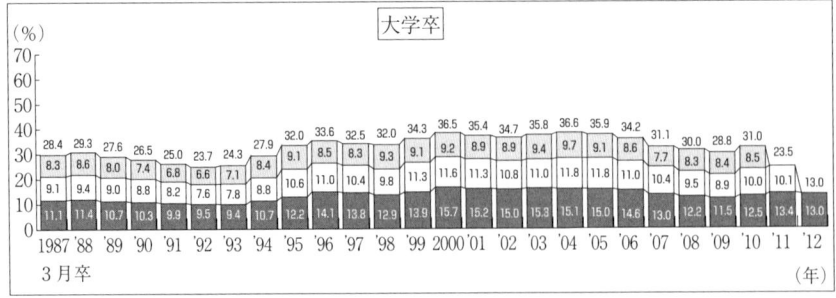

図1－6　学歴別早期離職率の推移と比較

出典：厚生労働省，2013

表1-4　三重県の高卒就職者の離職者数・離職率調査

2005年4月	就職者数		%
275社への就職者	普通科 専門学科 総合学科	360 514 45	
1年以内離職者	普通科 専門学科 総合学科	99 78 9	27.5 15.2 20.0
2年以内離職者	普通科 専門学科 総合学科	50 46 5	41.4 24.1 31.1
3年以内離職者	普通科 専門学科 総合学科	18 24 2	46.4 28.8 35.5

出典：三重県商工会議所，2008，p.7

ある事実を伝えている（三重県商工会議所，2008，p.7）。つまり，普通科卒者が離職・転職し，フリーターやNEETに至るなら理解できるが，職業科についても例外ではないということである。三重県の場合，3年以内離職者率は，普通科卒者が46.4％であるのに対して職業科卒者でも28.8％に達している。日本では，1994年に，普通教育と職業教育を総合的に履修させることを旨として総合学科・総合高校制度が導入された。同県もその最初の年から総合学科を導入してきたが，同県では8つの総合学科設置校（全国で332校）の高卒就職者の3年以内の離職率は，普通科と職業科のほぼ中間にあたる，35.5％である。

ところで，この表には出てこないが，とりわけ深刻なのは商業科である。商業科卒就職希望者は，事務職や営業職において大卒文系卒者の圧力をもっとも強く受けやすい立場にあり，また同じ高卒者内部においても，普通科卒就職者と就職市場で重なり合っている。さらに，全国平均の商業科卒者の大学・専門学校進学率は50％以上（表1-2）に及んでおり，職業教育機関としてのレゾン・デートルが問われつつある。

2-4 心理的移行における揺らぎ：職業観・職業意識の未形成とそれへの不満

(1) 新入社員の定着意識の変化

このような状況下で，若者・キャリアの浅い社員の職業意識も微妙に揺らいでいた。ここでは，社会経済生産性本部が，毎年自らが主催する合同新入社員研修参加者に行っていたアンケート調査の，就社意識・会社定着意識という点にのみ注目してみる。バブル経済崩壊後，とりわけミレニアムに入った数年，初職（学卒後就職企業での勤務）を継続しようとする意識は強くなっている。にもかかわらず，転職に関して「理由があれば1～2度はしかたない」あるいは「何度でもかまわない」という新入社員が7割に及んでいる（図1-7）。

(2) 高校生の職業意識・職業観

新入社員だけでなく，心理的移行を遂げねばならない高校生や大学生の職業意識にも変化がみられる。ここでは，高校生の職業へのモチーフや価値観の変化をみてみる。まず，現代の日本の若者に共通しているが，高校生の人生における職業生活の比重はきわめて低い（図1-8）。「就職先の企業に骨を埋める」という企業帰属（貢献）志向や「自分と家族のために出世してやる」というよ

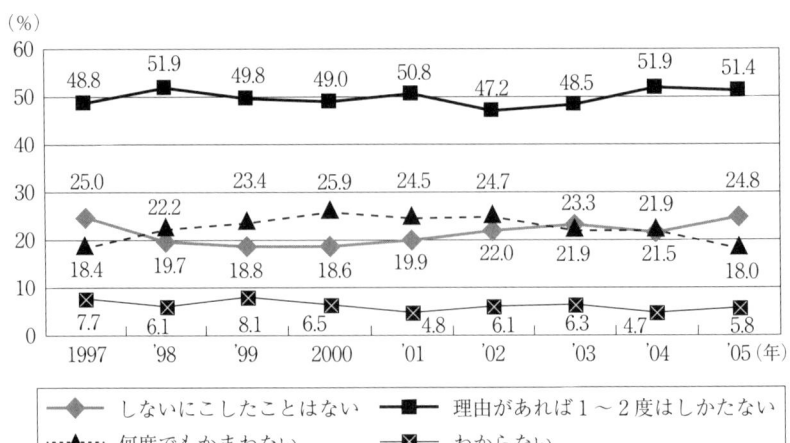

図1-7 転職に関する新入社員意識調査
出典：社会経済生産性本部，2005，p.4

うな，高度成長期に称揚された「猛烈社員」的志向はもはや昔日の感がある。

さらに，筆者は職業意識，職業観の内部構造を探るために，この数年間，国際比較の観点から職業生活への心理的準備状態，職業観に関する調査を行ってきた。2008年には日，中，韓，インドネシアの高校生（12年次生）合計1402人に対するアンケートを予備的に実施し，さらに2009年には先進国同士の比較も行うために，ドイツ，アメリカの高校を加えて，合計6カ国，17の高校（普通，職業，各半数程度ずつ）で今度は第10年次生に調査を行った。その結果はさらにショッキングな結果を示している。

職業観に関する28項目の質問に対する回答結果のみ紹介する。その結果を主因子法，プロマックス回転により因子分析を行い，抽出された5因子による尺度構成を行った。ここでは，そのうち，2つの職業観尺度に関してのみ，各国の高校生の職業意識を比較してみると，残念ながら日本の高校生はすべての尺度で得点が低く，ドイツもほぼ同程度に低いが，アメリカはそうではない（図

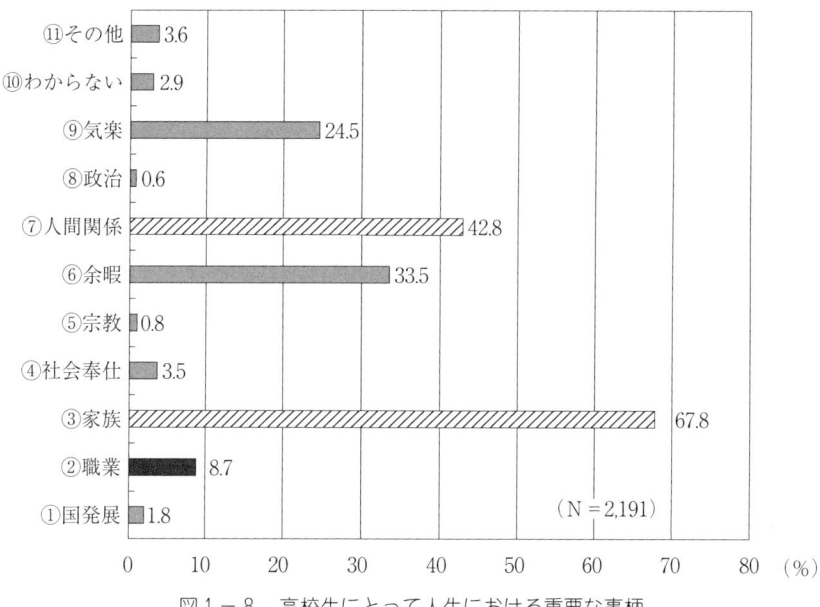

図1-8　高校生にとって人生における重要な事柄

出典：寺田，2006年調査

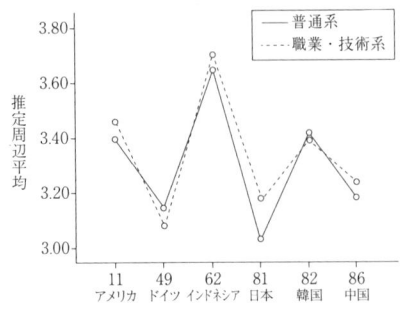

図1−9 自己実現尺度から見た高校生の職業観の6カ国比較
出典：寺田, 2009年調査

図1−10 リーダー志向の尺度から見た高校生の職業観の6カ国比較
出典：寺田, 2009年調査

1−9，図1−10)。

　経済が発展し，豊かな社会を迎えると，人は職業の価値やモチベーションを弱くしてしまうとはいえないようである。さらに，学科別にみると，概して普通系，人文系の生徒の意識が弱い傾向にある。このことが高校生の移行問題に投げかけている課題は大きい。

3．キャリア教育の導入・職業教育の改革

　いうまでもなく，日本の政府や教師，研究者は以上のような傾向を決して好ましいものとは考えていない。これらの問題を解決するために，高校や大学のカリキュラムの面から仕事世界への移行をスムーズにするためのいくつかの改革措置がとられてきたし，現在も継続中である。1つは，本書の検討課題である普通科，職業科共通に，また小学校から大学に至るまで一貫したキャリア教育（career education）の展開である。それは，高校職業教育や，大学の専門教育改革の視野を含んでいるが，ここでは高校の問題に限定して，主要な動向を示しておく。

3−1　普通科におけるキャリア教育の実施

　2013年現在で，全高校数（4981校）のうち，普通科を設置している学校が

3998 校である（文部科学省，2014）。1999 年の提案以来，キャリア教育の中核的取り組みとして数日間のインターンシップ（ドイツの Schnupperpraktikum に近い）が中学校，高校，大学で一斉に導入されてきた。公立高校に関しては，各職業学科については情報科の 66.7％から看護科と水産科の 100％の間（平均 87.3％）で，普通科に関しては 74.0％が実施している。ただ，普通科の体験生徒数は 11 万 49 人（40.2％）にとどまり，体験日数もドイツのように 2 週間程度でなく，5 日以内というのが約 95％を占めている（国立教育政策研究所，2013）。

3-2　普通科における職業教育の実施状況

他方，1970 年代以降増大し続ける普通科生徒の無職業準備状態を改善するために，普通科における職業教育の組織化にも努めてきた。学校長の権限で，「学校設定科目」と学習指導要領に定められている職業科目を生徒に課すことができる。公立普通科に関して，文科省の 2009 年の調査によると 67％の学校で農業，工業，商業，家庭などの職業教科を選択科目で数科目程度開設している。しかし，たいていは，商業（51％），家庭（81％）系の科目であり，各学校で各科目最大 35 人以下が選択している程度である（文部科学省，2010 b, p.146）。

3-3　職業高校のカリキュラム改革・キャリア教育

2003 年以降，厚労省とともに，文科省は，日本の職業教育や技術教育の歴史的な欠陥，いわば「移行の架け橋の欠落」を補うべく，「日本版デュアルシステム」を導入した。これは明らかにゲルマンモデルに依存している。

それは理論と実技を併行して教授し，バランスの取れた職業能力を育成するという職業教育や技術教育における教授学的原理を追求した結果というよりも，むしろ，高卒無業者や高卒フリーター対策の一環として導入された経緯がある。文部科学省の領域では，全国約 20 都道府県で主に専門高校と地域の企業との間で，企業実習が組織されているが，高校の職業教育や労働行政の職業訓練の「本体の改革」（通常の課程の改革）にはなお及んでいない。

参考文献

Bennett, C. A.(1926)*History of Manual and Industrial Education up to 1870*, Peolia Illinoi, Chas. A. Bennett Co.

Georg, W.(1995)Zwischen Markt und Bürokratie: Berufsbildungsmuster in Japan und Deutschland. Georg, W. and Sattel, U. (eds.)*Von Japan lernen ? Aspekte von Bildung und Beschäftigung in Japan*, Weinheim, Deutscher Studien Verlag.(In German.)

───(1993)*Berufliche Bildung des Auslands Japan, Zum Zusammenhang von Qualifizierung und Beschäftigung in Japan im Vergleich zur Bundesrepublik Deutschland*, Baden- Baden, Nomos Verlagsgesellschaft.(In German)

Kariya, T.(1998)From High School and College to Work in Japan: Meritocracy through Institutional and Semi-Institutional Linkages. Schavit, Y. and Müller, W., *From School to Work, A Comparative Study of Educational Qualification and Occupational Destinations*, New York, Oxford University Press.

小池和男(1997)『日本企業の人材形成』中央公論社.

小池和男・猪木武徳(2002)『ホワイトカラーの人材形成―日米英独の比較』東洋経済新報社.

国立教育政策研究所(2013)「平成24年度　職場体験・インターンシップ実施状況等調査(概要)」http://www.nier.go.jp/shido/centerhp/i-ship/h24i-ship.pdf, 2014. 4. 21.

厚生労働省(2013)「新規学校卒業就職者の在職期間別離職状況」http://www.mhlw.go.jp/topics/2010/01/tp0127-2/dl/24-02.pdf, 2014.5.6.

厚生労働省職業能力開発局(2004)『平成15年度能力開発基本調査結果概要』

三重県商工会議所(2008)「若年者早期離職防止に関する企業調査報告書」.

文部科学省・厚生労働省(2002)「高卒者の職業生活の移行に関する研究」.

文部科学省(2010)「今後の学校におけるキャリア教育・職業教育の在り方について」.

───「学校基本調査」(2013)http://www.e-stat.go.jp/SG1/estat/List.do?bid=000001051646&cycode=0, 2014.4.21.

───(2014)「学校基本調査」http://www.mext.go.jp/b_menu/toukei/chousa01/kihon/1267995.htm, 2014. 4. 21.

日本経営者団体連盟(1995)『新時代の「日本的経営」―挑戦すべき方向とその具体策』.

野村正實(2001)『知的熟練論批判―小池和男における理論と実証』ミネルヴァ書房.

尾高邦雄(1970)『職業の倫理』中央公論社.

OECD(1993)*Employment Outlook*, OECD Publications Service.

───(2000)*From Initial Education to Working Life, Making Transitions Work*. Paris, OECD Publications.

社会経済生産性本部(2005)http://activity.jpc-net.jp/detail/mdd/activity000602/attached.pdf, 2014.4.18.

Schein, E.(1978)*Career Dynamics, Matching Individual and Organizational Needs*, Reading Massachusetts, Addison Wesley Publishing Company.

Terada, M.(2007)Transition from Vocational Education and Training to Working Life in Japan. BIBB (Bundesinstitut für Berufsbildung), *Zukunft berufliche Bildung, 5. BIBB-Fachkongress 2007*, pp.1-16.

寺田盛紀(2009)『日本の職業教育―比較と移行の視点に基づく職業教育学』晃洋書房.
寺田盛紀・清水和秋(2010)「高校生の職業観形成に関する比較教育文化的研究(3)」日本キャリア教育学会第32回大会発表資料.
労働政策研究・研修機構(2013) http://db2.jil.go.jp/tokei/html/Y09204001.htm, 2014. 4. 23.

第2章
キャリア形成・キャリア教育の概念と対象

　キャリア関係用語が頻繁に使われるようになったのは，1970年代初頭にアメリカでキャリア教育なる概念が市民権を得，直後にアメリカ教育研究者，進路指導研究者（今村，1972／野淵，1973／仙崎，1973）がそれを紹介したことに起源を有する。以来，教育や訓練の現場，それらについての研究の世界で，さまざまに実践・紹介がなされ，1999（平成11）年12月には文部省・中央教育審議会が「キャリア教育」（文部省・中央教育審議会，1999）を，2001（平成13）年10月には厚生労働省が「キャリア形成」（キャリア形成助成金制度の発足）を正式に使用するに至り，一気に普及した感がある。

　1990年代以降のわが国において，キャリアに関する議論，研究が多くの分野でなされてきた。しかし，今日，経済学，心理学，教育学など，個々の学問分野内部でバラバラに（マージナルに）展開され，その結果，概念の混乱（各分野での任意の研究展開）さえみられる。本章では，キャリア研究が必要な理由やわが国における関係諸概念の整理を通して，上位領域としての「キャリア形成学」とその下位領域の1つとしてのキャリア教育学の中身や相互の関連について提案する。

1. キャリア形成に関する関係諸概念

　「キャリア」は，16世紀中葉以降普及したラテン語のcarrière（race course：馬車道・車道）にあたり，現代では，人生行路（ライフキャリア）や職業経歴（職業キャリア），あるいは，ときにわが国の国家公務員上級職（第1種）など，エリート的・官僚的職種をさす（Watts, 2002, p.210）。問題は，もちろん，キャリ

アに関係する社会科学内部における概念の定義の問題である。

1-1 キャリア教育概念

まず，学校関係者や教育学・進路指導研究者はキャリア概念普及の立て役者であり，キャリア教育という概念を定着させた。それは，キャリアに関する諸能力やその意識を発達・成長させる働きかけ・指導過程を示す概念である。しかし，その概念の内実に関して，それほどコンセンサスがあるわけではない。

(1) マーランドのキャリア教育論と進路指導研究者の紹介

この概念の国際的普及は，多くの研究者が引用するように，なんといっても，1971年のジュネーブでの教育国際会議におけるアメリカ連邦教育局長官マーランドのプレゼンテーション以降である。次の彼の指摘（Marland, Sidney P. Jr., 1971, p.1）にみられるように，この概念が，元来，とりわけハイスクール教育におけるアカデミック教育と職業的教育の統合，大学進学如何にかかわらずプロフェッション（profession）もしくはオキュペーション（occupation）に準備する教育を意図していたことは明らかである。

> キャリア教育—生徒をアタッシュケース的プロフェッションに，またお昼弁当的オキュペーションにも準備させることを企図したもの—は，本年から合衆国の6つの州立学校で試行されつつある。…キャリア教育はいかなる若者にも真の選択を与え，同様にそれを支援するのに必要な知的（intellectual）および職業的（occupational）スキルを提供するために企図されている。キャリア教育は単に「職業教育」，「普通教育」あるいは「カレッジ準備教育」の代償ではない。むしろ，それは，これら3つのものを全く新しいカリキュラムにブレンドすることなのである。キャリア教育の基本コンセプトは，カリキュラム，授業，カウンセリングのすべての教育的経験が経済的自立へ準備，個性の発揮（personal fulfilment），そして仕事（work）の尊厳の認識に照準を合わせるべきなのである。

冒頭に論及したように，この演説をわが国に伝えたのが進路指導研究者なのであるが，そのことがわが国におけるキャリア教育概念の形成に刻印したともいえる。とくに，1953年に日本職業指導学会として創設され，1978年に名称変更した日本進路指導学会は過去数年間にわたるさらなる名称変更論議のなか

で，2004年10月の決定で「日本キャリア教育学会」なる教育学系の学会に転換している。しかし，進路指導とキャリア教育がどう異なるのか，あるいはキャリア発達，キャリアカウンセリングとキャリア教育の関係について，なおそれほど明確ではなく，今後の課題として残されている。例えば，この新生学会の会則にはなお，「本会は…進路指導の研究，実践の充実，向上を図り，もってわが国の進路指導の発展，振興に寄与する」（第3条）とある。現在のところ，同学会（員の多数）はキャリア教育と進路指導の関連性をほぼ同義的に捉えているようである。

(2) 文部科学省の定義

① 1999年の「接続答申」の定義

それとは対照的に，下記文部省（文部科学省）の最初の行政上の定義（中央教育審議会，1999，第6章第1節）は，なかなかバランスがとれたすぐれたものである。①は職業観形成の，②は普通教科・専門教科における職業教育の，③④は従来の進路指導の側面を表している。下記引用にみられるように，それは，キャリア教育を必ずしも，進路指導や職業意識（職業観）形成だけに焦点化するのではなく，教育全体の取り組みを予測させる包括的定義である。ただし，「望ましい職業観」の「望ましい」という表現が後々説明を必要とすることになる。

> 学校と社会及び学校間の円滑な接続を図るためのキャリア教育（望ましい職業観・勤労観①及び職業に関する知識や技能②をも身に付けさせるとともに，自己の個性を理解③し，主体的に進路を選択する能力・態度④を育てる教育）を小学校段階から発達段階に応じて実施する必要がある。（下線および丸番号は筆者）

② 2004年の初中局キャリア教育会議の定義

さらに，筆者も参画した文部科学省初等中等教育局に設置された「キャリア教育の推進に関する総合的調査研究協力者会議」の報告書（文部科学省，2004）はキャリア教育概念を学校現場に普及させ，実践的課題とさせることになった。そこでの議論の相当部分は，キャリア教育概念と進路指導および職業教育との関係の問題に費やされた。同報告書は，一方で「進路指導の取組はキ

ャリア教育の中核をなす」と述べる。図2-1のように，キャリア教育（の理念）は，個人の進路決定のための指導（振り分け）だけでなく，「生徒集団を対照としたキャリア発達の指導」「関連性・系統性」の視点から組み直した進路指導（筆者は「進路指導の計画化・拡充」）を求める。他方，同報告は，図2-2に示すように，とくに高校段階を想定して「職業教育は，進路指導とともにキャリア教育の中核をなす」（p.14）と述べる。小学校段階，あるいは幼児教育段階から行われる（べき）キャリア教育（発達）は，雇用への移行やそのための専門的職業能力形成（訓練）につながって，はじめて第1段階を終える。雇用されうる能力（employability）や専門的能力の形成（学習）なくして，雇用に至ることは甚だ困難である。また，そもそも，それを欠いた状態の職業選択や職業観は相当一次的なものであり，不安定なものであるといえる。安定的雇用は深さと広がりという点で，雇用と結びついた専門的キャリア形成に行き着く。

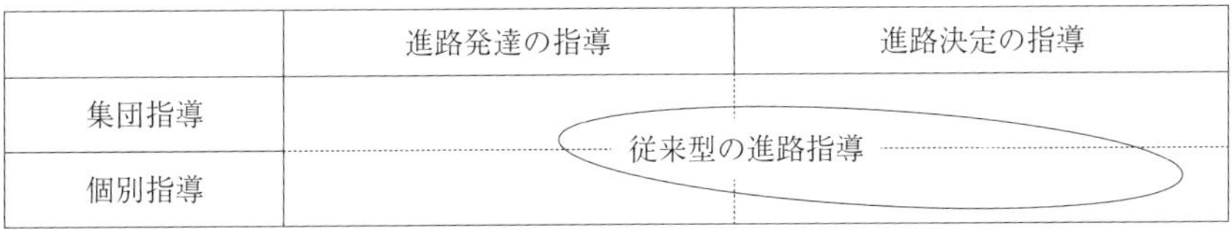

	進路発達の指導	進路決定の指導
集団指導		従来型の進路指導
個別指導		

図2-1　進路発達の指導を含むキャリア教育の構想（2004年）
出典：文部科学省，2004, p.15

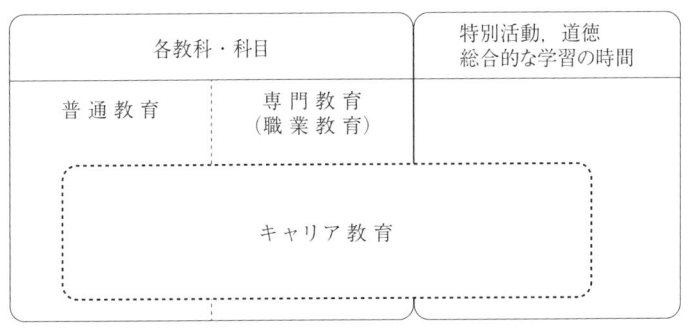

図2-2　普通教育・職業教育・総合的学習などにわたるキャリア教育の構想（2004年）
出典：文部科学省，2004, p.11

ただし、この「キャリア会議」の報告書がキャリア教育を衆目の理解しやすさを狙ったためであるのか、それを「端的には…勤労観、職業観を育てる教育」(p.7) というように単純化したことは、この教育が何か道徳教育や公民教育の印象を与えることになった。

③ 2011年中教審のキャリア教育・職業教育特別部会の定義

第9章でも論及するが、その後キャリア教育の実践が中学、高校、大学などで独自に展開するなかで、それは文字どおり小学校から大学に至るまでの一貫した教育の問題として捉えられようになった。また、とりわけ高等教育段階の職業教育との関連も課題になり、2009年1月から2010年11月まで中央教育審議会のキャリア教育・職業教育特別部会においてキャリア教育の定義、内容が密度濃く論じられる。すでに2009年6月までには、筆者の所見を含めた激論の末、キャリア教育の定義がほぼ確定した。

やや妥協の産物的な要素もあるが、最終文書（答申）では、次のように教育目的と教育内容の面から「キャリア教育とは、一人一人の社会的・職業的自立に向け、必要な基盤となる能力や態度を育てることを通して、キャリア発達を促す教育である」（中教審、2011, p.16）と定義された。また、その「基盤となる能力や態度」（＝キャリア発達の中身）を「基礎的・基本的な知識・技能」「基

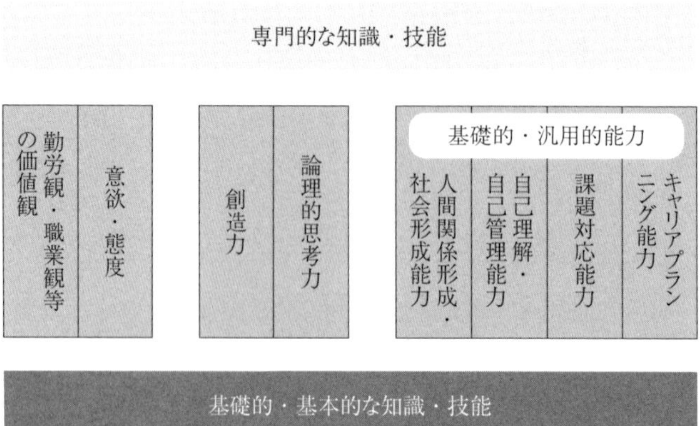

図2-3 「社会的・職業的自立、社会・職業への円滑な移行に必要な力」の要素
出典：文部科学省、2011, p.109

礎的・汎用的能力」「論理的な思考力・創造力」「意欲・態度及び価値観」「専門的な知識・技能」を含ませるものとされた。筆者が再々主張したことでもあったが、目的における「職業的自立」の側面、内容における「基礎的・基本的な知識・技能」（普通教育・一般教養）と「専門的な知識・技能」（職業教育・専門教育）におけるキャリア教育を想定した理論的整理がなされた（図 2 − 3 参照）。

1−2　キャリア発達・キャリア開発
(1) キャリア発達

　教育とは対照的にキャリアの個人の営み、その心理発達の側面に注目した概念がキャリア発達（career development）である。この概念は「職業心理学（vocational or occupational psychology）」や「職業的発達（vocational development）」に代わるものとして登場した。そのことを端的に表しているのが、スーパー（Super, Donald E.）が 1957 年に著した『キャリアの心理学―職業発達概論―』（Super, 1957, 訳書 1960）である。この書物のタイトルに career 概念が付され、しかも career pattern（キャリア類型、訳書では「職業経歴類型」）が多用されているにもかかわらず、なお職業的発達論のなかでキャリアが論じられていた。しかし、彼は、1963 年には明確に「キャリア発達」を掲げるようになった。1970 年の共著（Super et al., 1970, 訳書 1973）では、スーパーは心理学（発達論）的には「職業は課業と役割期待の一つのまとまりであり、ある種の技能・知識・能力・興味を必要とし、かつある種の報酬をもたらす…遂行または充足」であり、「キャリアは一人の人がその生涯にわたって従事しまたは占めるところの職業・職務・職位の前後連鎖したもの」と定義する（訳書 pp. 175-176）。筆者なりに翻訳すれば、職業は社会・経済の側からの一定時点の活動概念であり、他方キャリアはそのような職業や職業の前後、裏表に位置する諸活動にかかわり、個人の発達・変容に力点をおいた概念であるといえる。しかも、そのキャリアは、彼の職業発達段階コンセプトにみられるように、幼児期から老人期にいたるまでの発達・停滞過程と捉えられる。

(2) キャリア開発

 他方，同じ career development なる概念は，企業人事管理の分野では，つまり人間を経済的資源とみた場合，「キャリア開発」と称される。今日，しばしば使用される「人材開発」(human development) も同様のコンテクストにある。この場合，企業内教育と，労務・人材施策との境界不分明な管理活動を意味するので，集団に対するキャリア教育と個人のキャリア発達（後述のキャリア・デザイン）の中間的概念であるといえる。組織論的にいえば，シャインが示すように，人材計画・開発（Human Resource Planning and Development : HRPD）の相当部分を占めるキャリア開発は，組織の側のキャリア開発計画と個人のキャリア計画のマッチング（調整）過程として描かれる（Schein, 1978, pp.189-191）。

 管見のかぎり，わが国における「キャリア開発」概念の文献上の嚆矢は，梶原豊の「いきがいのキャリア開発プラン」（梶原，1981）であり，さらにそれは1984年に体系化されている（梶原，1984）。1984年の著書のなかで，梶原は，次のようにキャリア開発を意味づけている（p.35）。

> ビジネスマンのキャリア開発とは，生涯生活設計教育プログラムのなかの重要な柱の一つとなるものであると同時に，"生涯生活設計教育プログラムはキャリア教育そのもの"だともいうことができる。…自分の意志で，自分の将来を切り拓いていくという気持ちをプログラム化してゆくのがキャリア開発である。

 ここでは，個人のキャリアのプログラム化が強調されているが，要は，上記のようなキャリア発達（経歴管理）概念の普及にほぼ時期的に対応する形で，1969年に日経連がまとめた『能力主義管理』，経営組織側の「経歴管理制度（キャリア管理制度）」「キャリア育成（自己啓発意欲の喚起）」（日本経営者団体連盟，1969, pp.21-22）の具体化を迫っていたなかでの議論であった。

1-3 キャリアデザイン

 さらに，上記シャインがいう個人の側のキャリア計画化の営みに関して，すでに，1981年ないし1984年段階で梶原がキャリア開発の一環としての「生活設計」（生活デザイン）という形でキャリアデザイン概念を持ち込んでいる。近

年，その概念の普及ぶり，つまり個人志向のキャリアの強調ぶりには，眼を見張るものがある。

(1) 金井壽宏のキャリアデザイン論

近年の普及のきっかけは，シャインの助手をしていたという金井壽宏の『働く人のためのキャリア・デザイン』(2002年)である。金井は，キャリアデザインの「デザイン」は「ドリフト」(drift:「自然なキャリア」「流れに任せる」)の側面も肯定しつつ(p.113)，人生の節目では「自然の流れにずっと任せっぱなしにはできず」(p.116)，短期的な職務をデザインし直すのと同様，長期的なキャリアを充実させるためのデザインもあってしかるべきとする(p.119)。デザインの内容(実質的定義)は，シャインがいう3つの問い，とりわけトランジション期(就職などの移行期)における各人の明確化のことである。「①自分はなにが得意か。②自分はいったいなにをやりたいのか。③どのようなことをやっている自分なら，意味を感じ，社会に役立っていると実感できるのか」(p.122)を人生の節目に問うこと。ただし，キャリアデザインは組織レベルで集約されれば「経営戦略」(組織のキャリア開発：補注)になるが，基本的には「キャリアをデザインしたり計画したりすることは，個人にとっては，生き方，働き方の戦略」(p.133)，「個人の戦略」の問題なのである。

(2) 法政大学のキャリアデザイン学部

さらに，この「キャリアデザイン旋風」にのって，法政大学は2003年4月に，既存の学部・学科を改組し，「キャリアデザイン学部」を新設した。同学部の2005年初段階のホームページ上の「学部案内」では，「『キャリア』とは，資格や経験だけを意味するのではなく，仕事，家族，友だち，コミュニティーなど，社会的活動や組織の一員として，自分の能力を発揮し，自分自身の人生を生きていく『自分らしい生き方』を意味」するというように，キャリア概念の非職業的要素(ライフキャリアへの昇華)を重視する。そのうえで，キャリア・デザインは次のように定義されている(下線はいずれも筆者)。

「自分らしい生き方」を知るために，どのような知識，技術を身につければよい

> かを考え，実践することが「キャリアデザイン」なのです。(「キャリアとは」http://cd.i.hosei.ac.jp/index.cfm/4,0.90,63,html)
> 　自分が好きなこと，実現したいことをはっきりさせ，実現のために試行錯誤を伴いながら努力を重ね，能力を発揮し育てた結果として，「自分らしさ」「個性」は形成されます。こうした積み重ねの過程を「キャリア形成」，それを意識的に行うことを「キャリアデザイン」…といいます。(2005年キャリアデザイン学部入学案内パンフレット)

　これらのキャリアデザイン（設計）の定義には概念の拡大傾向がみられ，とくに下線部はキャリア教育の説明とあまり違いがない。

(3) キャリアデザイン学会

　2004年9月には，上記の法政大学前総長である清成忠男（会長），労働経済学者である小池和男，社会教育学者である笹川孝一（当時・法政大学キャリアデザイン学部長），キャリア・カウンセリングの専門家である渡辺三枝子（副会長，筑波大学教授，法政大学），他に企業人事関係者等の参加によって，「キャリアデザイン学会」が立ち上げられた。その「学会設立趣意書」には，「学際的研究の必要性」として，次のように説明されていた。筆者もそれにはまったく，同感である。

> 「学校卒業までのキャリア発達と，卒業後の職業生活におけるキャリア発達，また引退後や職業以外の生活におけるキャリア発達を別々の学問が取り扱う状況を克服する必要があると考えられる。

　しかし，次のように，キャリアの学際的研究の統合コンセプトを「デザイン」（設計）という個人の営為，それを拡大解釈しても組織の側の意図的（教育的）営為も含めて考えるとしても，それは教育や発達以外の，人間形成に関わる社会的，経済的諸側面（非意図的営為）を位置づけきれないし，また「教育」という概念とどう異なるのかが問題になる。下記の学会の定義は，法政大学のキャリアデザイン学部の理解と同種の特徴があるように思える（下線はいずれも筆者）。

> 　キャリアデザインは，人の一生をかけてのキャリア発達プロセスの様々な段階

に関わることである。したがって，家庭や地域など様々なコミュニティーに関わる場で，また学校や生涯学習の場で，あるいは企業や様々な組織・団体で，さらに行政やNPOなどで，…キャリアの形成・開発・支援・助言・相談など…に関わって行動すること。
　キャリアを狭義の職業キャリアにとどまらず，個人の一生を通じて様々な人生を選択し，それらの結果あゆむライフコースを含めて広く考えるものであり，キャリアデザインを，質の高い生き方の計画的な選択であると考える。

1-4　キャリア形成

　人間の発達や停滞，変容，教育的働きかけ，さらに社会・経済的メカニズム，ライフサイクル・人生設計などとの関連で，一生涯にわたる人間のキャリアのありようを学際的に究明しようとする場合，「キャリア形成」という意図的と非意図的の，さらに個人的と社会的・集団的の両方の意味を包み込んだ用語をあてるのが適切であろうと考える。

(1) 厚生労働省のキャリア形成論

　冒頭に述べたように，「キャリア形成」という概念は，「教育」「発達」とは区別される（べき）という意味で，厚生労働省によって採用され，普及したといえる。しかし，同省および省内に組織された「キャリア形成を支援する労働市場政策研究会」は，自らの行政管轄の範囲に引きつけて，キャリア形成概念をつぎのように規定している（厚生労働省・キャリア形成を支援する労働市場政策研究会2002, 1(1)）。

> 「職業能力」は「キャリア」を積んだ結果として蓄積されたものであるのに対し，「キャリア」は職業訓練を通して，「職業能力」を蓄積していく過程の概念である…。「キャリア形成」とは，このような「キャリア」の概念を前提として，個人が職業能力を作り上げていくこと，すなわち，「関連した職務経験の連鎖や職業訓練を通して職業能力を形成していくこと」と捉えることが適当と考えられる。

　すでに紹介したような，わが国における（またアメリカにおける）キャリア関係概念の定義論議において，しばしば職業キャリアをキャリア概念の中核に据えることを回避する傾向が広く存在する。そのことは，実は若者や中高年者の雇用や職業の問題を後景に退かせることにならないとも限らない。現代の問

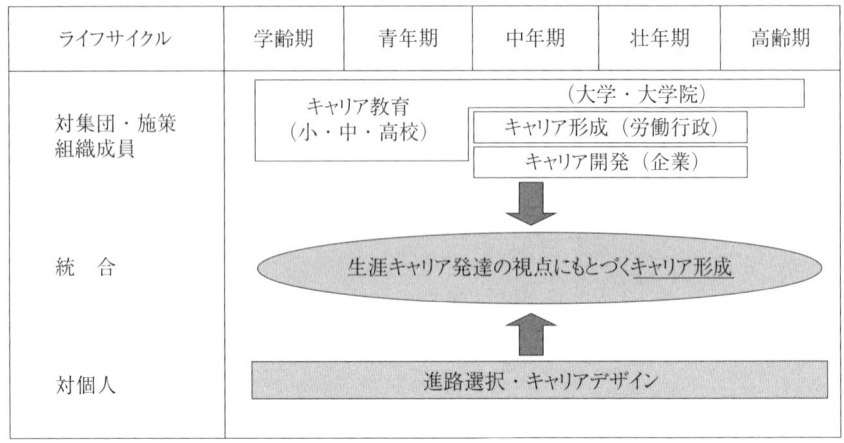

図2-4 キャリア形成および関係諸概念の整理（寺田作成）

題はあきらかにフリーター，NEET，職業意識の未形成の問題など，職業キャリアの形成が課題なのである。

とはいえ，キャリア（形成）は職業経験の連鎖や職業訓練だけで行われるものではなく，広く学校，地域，家庭，企業でのキャリア準備教育や職業教育を通しても行われることを考えると，やはり，職業能力に特化した「キャリア形成」とは違ったもう少し広い「キャリア形成」概念を使う必要がある。

(2) キャリア形成の定義

筆者は，次のように，キャリア形成（過程）を定義する。

> 児童・生徒・学生から成人・高齢者に至るまでのキャリア発達の視点にもとづき，個人レベルのキャリアデザインや進路選択，キャリア学習と，組織・行政レベルの計画的キャリア教育・職業教育訓練（能力開発）および家庭・地域，学校教育や産業組織の職業的・生活的キャリア創出に関する非公式的作用の総体的・連続的過程である（図2-4参照）。

2 キャリア形成研究のコンセプトと対象領域

キャリア形成過程研究は，アメリカの研究者の作として山田が紹介している

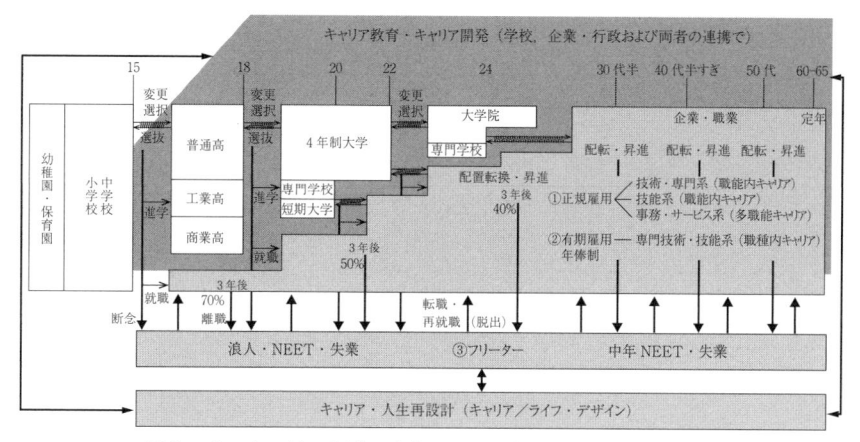

図2-5　キャリア形成研究とキャリア教育研究の対象・分担
出典：山田, 2004をもとに寺田作成

「パイプラインモデル図」（山田, 2004, p.88・166），それを筆者が改作した図2-5に示す日本人のキャリア形成過程・メカニズムに対応して行われるべきものである。キャリア形成研究は，①キャリア発達・人生全体の変容過程サイクルの究明，②個人レベルのキャリア形成，③組織・行政レベルのキャリア形成，④組織（学校・企業）内あるいは組織間のキャリア移動（移行）のメカニズム解明などから構成される。

2-1　キャリア・ライフサイクル（ステージ）の研究

(1) ライフステージ研究

　まず，社会学ないし心理学，あるいは経済学の年齢段階に対応させたライフサイクルやライフステージ研究がある。現代日本の生活状況が児童期，青年期，成人期，壮年期，老年期などという括りで対応できうるのかどうか，あるいはそれらの境界がどう変化しているのかなどの問題から検討する必要がある。例えば，E. H. エリクソンとJ. M. エリクソン夫妻の「ライフサイクル論」はよく知られているが，彼ら（彼女）は，最近の高齢化社会（自身の高齢化）を反映して，「乳児期」から「老年期」に至る従来のライフサイクルの8段階に加

えて，老年期につぐ人生周期の最後の段階として「第9の段階」の検討を提案している（エリクソンE.H. & J.M. エリクソン，2001の5）。これらの問題は，高齢者雇用（キャリア）や青年期における雇用の変容に密接に関わる。

(2) キャリア・ステージ論

さらに，そのような若者の雇用不安・リスク逃避（山田，2004の8）や高齢者雇用施策の拡大傾向を考えれば，キャリア・職業心理学者が描くキャリア・ステージも見直さねばならない。例えば，スーパー（Super, Donald. E.）の「職業生活の諸段階」（1973，訳書，pp.210-211）では「成長段階」（0～14歳），「探索段階」（～24歳），「確立段階」（～44歳），「維持段階」（～64歳），「下降段階」（65歳～），「引退期」（71歳～）などと描かれている。またシャイン（1978, pp.29-33／1991，訳書 pp.43-47）にしても「成長・空想・探求」（～21歳），「仕事へのエントリー」（16～25歳），「基本訓練」（16～25歳），「キャリア初期（正社員）」（17～30歳），「キャリア中期」（25歳以降），「キャリア中期の危機」（35～45歳），「キャリア後期」（40歳～），「衰え及び離脱」（40歳～），「引退」能力・モチベーションの減退」などと，年齢を重ねるごとに，キャリアの「減退」「衰え」に注目する。

これらは，キャリア形成（発達・後退・減退）を「能力」や「モチベーション」の面からのみ観察してきた発達心理学的アプローチと関係があるように思われる。

これらの問題の検討には哲学，青年心理学，老年（心理学）学，キャリア心理学，社会学，経済学，ジェンダー論などの参画が求められる。

2-2 キャリア形成の個人レベルの営み

個人レベルのキャリア形成（下部構造）に関しては，とくにキャリアデザイン，キャリア（進路）選択，キャリア観（職業観）の形成，キャリアカウンセリング（個別的キャリア支援活動）などが検討課題になる。

まず，若者・学生の研究に比して，中年期，壮年期のキャリア意識変容に注目される。

さらに，とくに解明が求められているのが，上述のキャリア観・職業観の問題である。いわゆる因子分析的研究にとどまらず，ダイナミックな心理（学）的キャリア観の形成構造（メカニズム）の研究（金井・三後，2004），また後述の教育システムとの関連で織りなす進路・職業選択過程の研究（寺田，2004）を積み重ねたい。

　職業観形成の問題に関連して重要な課題は，後述の学校におけるキャリア教育との関連で，「職業観形成」一般が語られていることである。ところが，前述のシャインがいうキャリア・アンカー論では，キャリア（職業）の価値観の側面こそは一生かかって形成されるものであり，さらにそれが顕在化するのは就職数年後，さらにそれが明確化するのは30歳代半ば以降の「キャリア中期の危機」のころからといわれる（Schein, 1978, p.43・126）。そうであれば，やはり，もう少し，「職業観」という抽象的概念で呼ぶにせよ，職業意識の発達段階（過程・構造変容）をよく識別した検討が必要であると思われる。

参考：シャインのキャリア・アンカーの類型（Schein, Edgar H., 1990, p.20）
①専門・職能別コンピテンス(志向)　②管理コンピテンス　③自立・独立　④補償・安定　⑤企業家的創造性　⑥奉仕・社会貢献　⑦純粋な挑戦　⑧１つの生活様式

　図２－６は，筆者が前述のスーパー，シャイン，そしてエリクソン夫妻のライフステージ論等をふまえて仮設した模式図である。筆者は職業「感」，職業「関」心，職業「観」という発達過程を構想している。また，それに関連して，発達段階や年齢などの違いを考慮した職業意識（職業観）の測定・評価法である多次元尺度構成法（木村・岡太，2002）や縦断的分析（反復測定法）による研究が必要であると思われる。

2－3　キャリア移動・移行過程研究

　学校や企業組織における，あるいは学校間，学校企業間，企業内（間）のキャリア移動（移行）過程（メカニズム）の究明の問題がある。

　学校から職業への移行過程，そこから「滑り落ちる」NEETやフリーターの問題については，1990年代以降，わが国では問題性が相当自覚され，結果

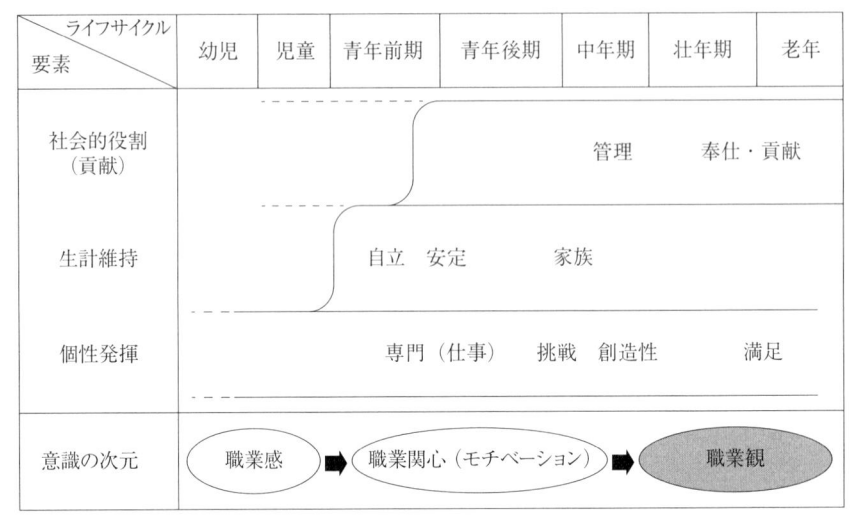

ライフサイクル 要素	幼児	児童	青年前期	青年後期	中年期	壮年期	老年
社会的役割 （貢献）					管理	奉仕・貢献	
生計維持			自立　安定	家族			
個性発揮			専門（仕事）	挑戦　創造性		満足	
意識の次元	職業感 →	職業関心（モチベーション） →		職業観			

図2－6　職業意識の発達過程（寺田作成）

としての研究蓄積がある。本書第1章でもふれたので詳細は省略するが，そのころの研究では，とくに日本労働研究機構（JIL）の研究調査報告書（1998, 2000, 2003），またそれらをリードした小杉の著作（2003, 2005）をあげておく。

そのような若者のキャリア未形成・中断傾向の問題に関して，学卒無業者やフリーターの産出過程はかなり明らかにされてきたけれども，そこからの脱出過程，さらにそこにおけるキャリア支援の役割（効果）については，なお今後に多くの作業を残している。

学校内キャリア形成（準備）に関しては，学歴別，学科別の視点による進路指導，職業教育，高等教育の検討が重要であるし，就職後の（企業内）キャリア形成過程の分析も必要である。就職後定年までの，伝統的には企業内キャリア形成の問題についても多くの課題が残されている。まず，標準的あるいは伝統的なキャリア形成（蓄積）パターンの変容状況を解明する必要がある。わが国成人の企業内キャリア形成に関しては，おもに労働市場論（労働経済学）や社会政策学分野で，縦断的（日本的）・横断的（欧米的），内部市場（日本的）・外部市場（欧米的）という理念型的分析概念で問題にされてきた。

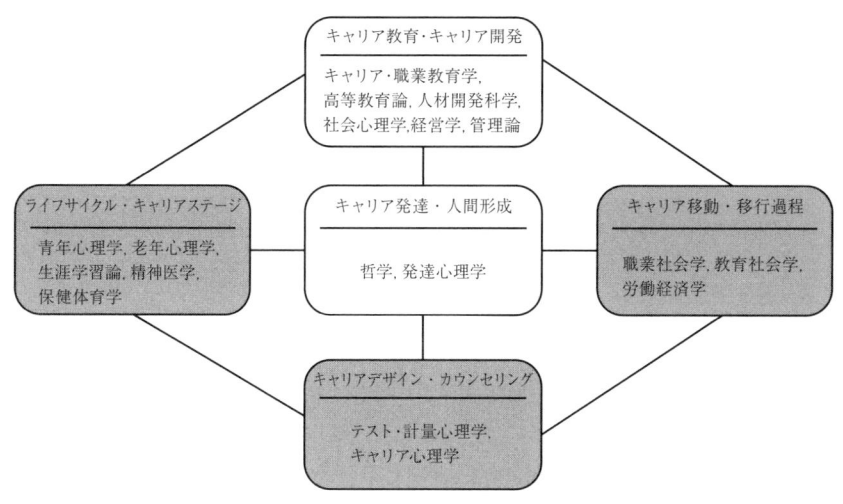

```
          ┌─────────────────────┐
          │ キャリア教育・キャリア開発 │
          │ キャリア・職業教育学,    │
          │ 高等教育論,人材開発科学, │
          │ 社会心理学,経営学,管理論 │
          └─────────────────────┘
┌──────────────┐  ┌──────────────┐  ┌──────────────┐
│ライフサイクル・ │  │キャリア発達・  │  │キャリア移動・ │
│キャリアステージ │  │人間形成       │  │移行過程      │
│青年心理学,    │  │哲学,発達心理学 │  │職業社会学,    │
│老年心理学,    │  │              │  │教育社会学,    │
│生涯学習論,    │  │              │  │労働経済学     │
│精神医学,      │  │              │  │              │
│保健体育学     │  │              │  │              │
└──────────────┘  └──────────────┘  └──────────────┘
          ┌─────────────────────┐
          │キャリアデザイン・カウンセリング│
          │テスト・計量心理学,      │
          │キャリア心理学          │
          └─────────────────────┘
```

図2-7　課題と関連分野（寺田作成）

とくに，内部労働市場論（国際比較）の視角からの小池和男や猪木武徳らの一連の実証的研究は，かなりの程度，わが国の企業内キャリア形成のメカニズムを解明している（小池，1977, 1981, 1991, 1994, 1997）。しかし，果たして，わが国の企業社会における労働者・職員のキャリア形成が過去，現在，内部労働市場論だけで説明できるのかどうか，再検討される必要がある（第10章参照）。

ついで，学校教育ないし企業組織，行政等の集団的なキャリア教育（学校），キャリア支援活動（ハローワーク他の移行支援組織），キャリア開発研究（企業）を問題にしなければならない。学校のキャリア教育に関して，理念としてのそれはよく普及しているけれども，具体的な教育プログラム・カリキュラムの構築はなお今後の課題になっている。その際，キャリア教育は第4章で論述するような諸要素から構想されることをふまえ，研究する必要がある（寺田, 2005）。キャリア教育研究を含めた，キャリア形成研究の各基盤領域・課題とその相互関連について図式化すれば，図2-7のとおりである。

参考文献

エリクソン, E. H & J. M. エリクソン著, 村瀬孝雄・近藤郁夫訳 (2001)『ライフサイクル, その完結』みすず書房 (2004 年, 第 4 刷), 5「第九の段階」参照.
今村令子 (1972)「キャリアエデュケーション」『学校経営』1972 年 11 月号.
梶原豊 (1981)「いきがいのキャリア開発プラン」中高年齢者雇用福祉協会『わかりやすい 35 歳からの生涯生活設計』.
─── (1984)『35 歳からのキャリア開発：生涯生活設計』マネジメント社.
金井篤子・三後美紀 (2004)「高校生の進路選択過程の心理学的メカニズム」寺田盛紀編『キャリア形成・就職メカニズムの国際比較』晃洋書房, 第 2 章.
金井壽宏 (2002)『働く人のためのキャリア・デザイン』PHP 研究所.
木村好美・岡太彬 (2002)「年齢・性別によって価値観は異なるのか？」柳井晴夫他編『多変量解析実例ハンドブック』朝倉書店.
小池和男 (1977)『職場の労働組合と参加─労資関係の日米比較─』第 3 刷 (1979), 東洋経済新報社.
─── (1981)『日本の熟練─すぐれた人材形成システム─』有斐閣.
─── (1991)『仕事の経済学』東洋経済新報社.
─── (1994)『日本の雇用システム─その普遍性と強み─』東洋経済新報社.
─── (1997)『日本企業の人材形成─不確実性に対処するためのノウハウ─』中央公論社.
小杉礼子 (2003)『フリーターという生き方』勁草書房.
─── (2005)『フリーターとニート』勁草書房.
厚生労働省・キャリア形成を支援する労働市場政策研究会 (2002)「キャリア形成の現状と支援政策の展開」(報告書) 1(1)参照.
Marland, Jr. Sidney P. (1971) *Career Education,* Office of Education, Washington, D. C. 8. Sept..
文部科学省 (2004)「キャリア教育の推進に関する総合的調査研究協力者会議報告書─児童生徒一人一人の勤労観, 職業観を育てるために─」.
文部科学省・中央教育審議会 (1999)「初等中等教育と高等教育との接続の改善について」(答申) http://www.mext.go.jp/b_menu/shingi/chuuou/toushin/991201.htm
─── (2011)「今後の学校におけるキャリア教育・職業教育の在り方について」(答申).
日本経営者団体連盟 (1969)『能力主義管理：その理論と実践』
─── (1994)「新・日本的経営システム等研究プロジェクト」(中間報告).
─── (1995)「新時代の『日本的経営』─挑戦すべき方向とその具体例─」.
日本労働研究機構 (1998)「新規高卒労働市場の変化と職業への移行支援」.
─── (2000)「変革期の大卒採用と人的資源管理」.
─── (2003)「学校から職場へ─高卒就職の現状と課題─」.
野淵龍雄 (1973)「アメリカにおけるキャリア教育」『進路指導』1973 年 4 月号.
Schein, Edgar H. (1978) *Career Dynamics: matching individual and organizational needs,* Addison-Wesley Publishing Company. (エドガー H. シャイン著, 二村敏子・三善勝代訳 (1991)『キャリア・ダイナミクス』白桃書房, 第 14 章参照).
─── (1990) *Career Anchors; Discovering Your Real Values,* Josseys-Bass/Pfeiffer, SanFrancisco. (金井壽宏訳 (2003)『キャリア・アンカー 自分のほんとうの価値を発

見しよう』白桃書房)
仙崎武 (1973)「アメリカの新しい職業教育―キャリア・エデュケーション―の現状と課題」『産業教育』1973年7月号.
Super, Donald E. (1957) *The Psychology of Careers—An Introduction to Vocational Development,* Harper & Bros.(日本職業指導学会 (1960)『職業生活の心理学』誠信書房)
Super, Donald E. (1963) *Career Development: Self-concept Theory,* College Entrance Examination Board.
Super, Donald E., Bohn, Martin J. Jr. (1970) *Occupational Psychology.*(藤本喜八・大澤武志訳 (1973)『職業の心理 企業の行動科学6』ダイヤモンド社)
寺田盛紀 (2004)「普通科高校生の大学への移行・進学課程―職業選択・職業観形成との関連で―」寺田盛紀編『キャリア形成・就職メカニズムの国際比較』晃洋書房, 第1章.
寺田盛紀 (2005)「専門高校における進路指導―キャリア教育との関連―」産業教育中央振興会 (文部科学省編集協力)『産業と教育』2005年5月号.
トロウ, M. 著, 天野郁夫・喜多村和之訳 (1976)『高学歴社会の大学』東京大学出版会 (1983年, 第4刷) Ⅱ参照.
Watts, A. G. (2002) Career Education for Young People: Rationale and Provision in the UK and Other European Countries, *International Journal for Educational and Vocational Guidance,* 1. Kluwer Academic Publishers (Netherlands).
山田昌弘 (2004)『希望格差社会』筑摩書房 (2005年, 第8刷)「8 希望の喪失」等参照.

第3章
キャリア教育の受容と日本のキャリア教育理解
―アメリカの職業教育志向と日本の職業啓発志向―

　本章は，アメリカにおいて1970年代初頭以降推奨され，実践されてきた「キャリア・エデュケーション（career education）」と，それを追う形で日本に紹介され，構想されてきた「キャリア教育」に関して，両者の定義やプログラムにみられる意味内容の比較を通して，わが国のキャリア教育論の特質を指摘し，その推進を構想する際に必要な若干の実践的・基本的検討課題の提示を行うことを目的とする。

　もとよりキャリア教育に関わる個々の特殊問題や教育実践を掘り下げた研究も重要であるけれども，キャリア教育のいわば創生期にあり，キャリア教育の理解自体に混乱状態がみられる段階にあっては，まずキャリア教育とは何を意味するのかということを明らかにしつつ，その実践展開に関するいくつかの基本的課題を提起することが急がれる。

1．キャリア教育の受容と理解

　わが国の教育界には，キャリア教育の意味内容についてのおおかたの共通理解さえ存在しない。およそ教育学の基本概念のいくつか，例えば教育や陶冶あるいは訓練などの概念をとってみても，いまだ種々の定義があるのであるから，それほど取り立てて問題にすることでもないかもしれない。しかし，キャリア教育の意義づけはともかく，その対象について諸説が林立するようでは，何をどのように実践するのかということにおいてさえ混乱をきたす。そこで，まず，わが国におけるキャリア教育の定義や理解の状況を整理してみる。

1-1　キャリア教育≒進路指導

　第1に，もっとも目立った見解として，キャリア教育を進路指導ないしキャリアガイダンスと同義ないしそれが発展したものとする理解がある。キャリアという概念（寺田，2005，Ⅱ）については，まず，デューイ（Dewey, J.）が『民主主義と教育』（1916, 1950・23rd printing）において"vocation"の意味を論じるなかでそれとあまり区別しないで，"career"や"business career"という用語を使っていた（p.307）。帆足の訳書（1959）はそれを「職業生活」と訳している（p.337）。また，スーパー（Super, D. E.）の『キャリアの心理学（*The Psychology of Careers*, 1957）』は心理学者としては嚆矢かと思われるが，"careers"ということばを書名に当てている。しかし，その和訳書の書名は『職業生活の心理学』（1960, 1970）であった。

　このように，キャリアという言葉は戦後かなり早い時期から，職業の継続的側面や人生における職業経歴的側面を表す言葉として知られていた。しかし，少なくとも学校教育の問題として語られ出したのは，第2章1で見たように，1970年代初頭にアメリカでキャリア教育運動を通して当該概念が普及し，それをわが国の当時の比較教育や進路指導の研究者が訳出・紹介（今村，1972／野淵，1973／仙崎，1973）して以降のことである。とりわけ，進路指導関係者がキャリア教育の概念とそのアメリカにおける実践の紹介に主要な役割を果たしたことが，わが国におけるキャリア教育の受容に対して，キャリアガイダンス志向の独特の刻印を与えることになった。

　その影響を若干たどってみる。例えば，アメリカの「キャリア・エデュケーションは，…本書で扱うキャリア教育とは…直接の関連性がない」（三村，2004, p. 30／2001初版），「我が国のキャリア教育はこれまで職業指導，進路指導と呼ばれ」（同，p.12, 15）てきたものであると考えるなど，初期の紹介・比較研究（野淵，1983, 1984, 1985／金子，1985）よりも，比較的最近の研究者にその傾向が目立つ。また，1953年職業指導学会として設立され，1978年以降進路指導学会と称した当該組織が2005年4月以降「日本キャリア教育学会」に名称変更したことも，この傾向にいっそう拍車をかけたように思われる。

1999年の文部科学省による最初の定義（文部省・中央教育審議会，1999）は，いくつかの目標要素に目配りしたバランスのとれたものであるが，以上のような傾向を拭えない。そこでは，キャリア教育は「望ましい職業観・勤労観及び職業に関する知識や技能をも身に付けさせるとともに，自己の個性を理解し，主体的に進路を選択する能力・態度を育てる教育」（第2章1－1参照）と定義されている。「職業に関する知識や技能」が含められていることが特徴的であるけれども，基本的には，従来の職業指導・進路指導の領域構成，すなわち自己理解，進路・職業情報，啓発的経験，進路決定，相談などの領域による編成とそれほど乖離はない。筆者の知見によると，この定義の原案は当時の教科調査官（進路指導担当）であった鹿嶋研之助（元千葉商科大学）によって作成されたものである。

　また，初等・中等教育において「生きる力」の育成が重視されていることとの関係で，キャリア教育（進路指導）が，しばしば生き方の指導の問題として論じられる傾向にある（竹内，2002）。それが，総合的な学習の時間の指導項目の1つとなっているためでもある。

1－2　キャリア教育≒職業教育（能力開発）

　第2に，キャリア教育を，職業能力の発達や開発の面，さらに就職指導の面に注目して，職業教育・職業訓練の枠内で解釈しようとする認識がある。この理解は，どちらかというと，なおインテンシブな理論的究明を欠いたものであり，職業訓練行政や一部の職業教育の関係者に特徴的な観念である。例えば，労働行政・職業能力開発関係者は，なるほど，生徒・学生のキャリア「教育」という言葉を避け，労働者・社会人の能力開発という意味のキャリア「形成」ということばを使用しつつ，キャリアとは職業訓練を通して職業能力を蓄積していくこと，キャリア形成とは「個人が職業能力を作り上げていくこと」「関連した職務経験の連鎖や職業訓練を通して職業能力を形成していくこと」と定義する（キャリア形成を支援する労働市場政策研究会2002, 1(1)）。

　さらに，同様の傾向は，専門高校関係者の「キャリア教育は専門高校ではす

でにやっているし，これまでもやってきたことである」というような言説にも端的に表れている。自らが行っている職業教育や職業指導ないし就職支援は職業準備教育という意味でキャリア教育そのものであり，キャリア教育は小・中学校や普通高校の生徒にこそ行われるべきという思いがみてとれる。この理解は，結果として職業教育とキャリア教育の関係・関連の究明を遠ざけている。

1-3　キャリア教育≒職業観教育

　第3に，第2の理解パターンと連動して，キャリア教育を職業観育成ないしインターンシップと同義に捉える傾向がある。ときにそれが職業教育と呼ばれる。それは，1996年に大卒就職の分野で，就職協定が廃止されて以後急速にインターンシップが普及したこと，また1999年の高等学校学習指導要領改訂において「就業体験」としてのインターンシップ（専門高校での実施義務）が導入されたことと関係している。例えば，古閑（2001）は，職業教育を「実際の業務を想定した，または即した教育」としたうえで，「職業教育としてのインターンシップ」が論じられている。そのようなインターンシップと不離一体の職業教育においては，「知識や技能・心得を身につけることで，職業観を深め，職業意識の高揚や職業倫理に思いを巡らす態度および社会貢献の姿勢を涵養する」(p.40) ことが企図される。

　職業教育は「一定の職業に従事するために必要な知識・技術を習得させる目的で行われる教育」というように態度，価値観育成の面を除いて定義される（斉藤，1993）場合もあるが，高校の職業教育教科の目標規定に従えば，「職業に必要な知識，技術（技能），態度を習得させるためにおもに…高校の職業に関する教科・学科で行われている教育を意味してきた」（寺田，2002, p.100）ので，職業観育成の側面も含むと考えるのが妥当であろう。また後者の面も職業教育と呼ばれて差し支えないけれども，それだけが職業教育とされるのも，無理があるように思われる。

　キャリア教育と職業観育成の同義化傾向は，2000年の一桁代のキャリア教育論，とくに文部科学省関係の影響力のある文書（文部科学省初等中等教育局，

2004）に著しい。2004年1月発表された文部科学省初等中等教育局の協力者会議の報告書はキャリア教育を「児童生徒一人一人のキャリア発達を支援し、それぞれにふさわしいキャリアを形成していくために必要な意欲・態度や能力を育てる教育」と広角度から捉えつつも、「端的には『児童生徒一人一人の勤労観，職業観を育てる教育』」（p.7）と平明化（単純化）している。

このキャリア教育理解においては、職業（観）が勤労（観）とそれほど自覚なく等置された。いまだにそうであるけれども、仕事や労働が1931年の旧制中学校の「作業科」導入前後に頻繁に使用されていた「労作」とか、1978年の高等学校学習指導要領による勤労体験学習の導入意向の「勤労」などの勤労愛好的、公民教育的な独特の史的概念とそれほど区別されることはなかった。

1-4　キャリア教育＝キャリア発達のための総合的教育活動

第4に、キャリア教育のアメリカでの原意をできるだけ忠実にふまえ、より総合的に構想しようとする立場もある。

上述の2004年の文部科学省初中局・協力者会議の定義は、別のところで、キャリア教育の中核に進路指導と職業教育（高校段階では）を位置づけつつ、それを普通教育やそれらの活動、総合的学習等、教育活動全体をキャリア発達の視点で貫く理念・原理として位置づける（pp.8-11）。また、総合学科のようなキャリア志向の学科、各種の類型やコースでの教育や総合学科の原則履修科目である「産業社会と人間」のような中心的な教科・科目も構想している。

さらにそのような考え方は、2005年12月に発表された国立大学協会教育・学生委員会（2005）の大学におけるキャリア教育の定義（第9章2参照）にも継承されている。いわく、キャリア教育とは「学生（以下院生を含む）のキャリア発達を促進する立場（目的）から、それに必要な独自の講義的科目やインターンシップなどを中核として、大学の全教育活動の中に位置づけられる取り組みである」（p.16）。

1-5　ジェネリック・スキルに傾斜した目標論

　関連して，以上のような内容論に即したキャリア教育の定義でなく，目的・目標論に傾斜した定義がわが国の特徴ともいえる。日本のキャリア教育論やキャリアガイダンスさらにキャリアカウンセリングをリードしてきた仙崎・渡辺ら（職業教育・進路指導研究会，1998）はアメリカ・アリゾナ州や全米職業情報整備委員会（NOICC）などのガイダンスプログラムを参考に，キャリア発達を①キャリア設計能力，②キャリア情報探索・活用能力，③意思決定能力，④人間関係能力の4領域構成で提案している（pp.88-89）。この能力領域論の影響はあまりにも大きく，上記文部科学省の「協力者会議」の報告書の「職業観・勤労観を育む学習プログラムの枠組み（例）」（文部科学省初等中等教育局，2004, p.35）に引き継がれた。近年では，「学士力」「社会人基礎力」「職業基礎力」そして，「基礎的・汎用的能力」など，形式陶冶的キャリア教育の目標論が内容論と混同して使われるに至っている。

　これに対して上記国大協報告は実質的・具体的職業的資質の側面も取り上げ，キャリアの①設計能力，②意味づけ（職業観），③選択・決定，④専門的能力などの面での形成・育成をキャリア発達としている（p.4）。

2．アメリカにおけるキャリア教育の展開

　それでは，アメリカでは，キャリア教育はどのようなことを意味しているのであろうか。日本においてキャリア教育を構想し，また両者の異同を明らかにするうえでも，先例における意味内容と問題にされた事柄を把握しておく必要がある。「キャリアエデュケーション」と呼ぼうが，「キャリア教育」と呼ぼうが，もともとの含意，本質的特質を無視しては，日本的なものであったとしてもそれにキャリアなる用語を冠することはできない。その意味で，発展段階や教育・文化的背景が異なっているとしても，ものごとの比較という作業が必要である。

　1970年代以降のキャリア教育の展開や定義については，仙崎らが訳出したホイト（Hoyt, K. B, 2005／仙崎他訳，2005）の文献に詳しいが，ここでは，若

干の文献，筆者のヒヤリング，収集資料などを通して確認する。

2-1　キャリア教育法制
(1)　マーランドとホイトの時代

　周知のように，キャリア教育は，アメリカ連邦教育局長官であったマーランド（Marland, Sidney P. Jr.）の「職業教育，普通教育，あるいはカレッジ準備教育…を全く新しいカリキュラムにブレンドすることなのである。キャリア教育のコンセプトは，カリキュラム，授業，カウンセリングのすべての教育的経験が経済的自立への準備，個性の発揮，そして仕事（work）の尊厳の認識に照準を合わせるべきなのである」(Marland, 1975, p.1)という壮大な展望のもとに始まったものである。

　その後の，法制上の定義をみると，まず，1974年の初等・中等教育法（1965年）改正はキャリア教育を，①学校と地域社会の連携，②全生徒へのカウンセリング，ガイダンス，キャリア発達の機会提供，③地域社会の人材ニーズへのカリキュラムの関連づけ，④教育課程概念の学校外（雇用や地域）への拡大，⑤態度，スキル，知識の柔軟性の育成，⑥教育と雇用・地域役割との関連づけ，⑦職業教育とアカデミック教育の格差縮小，などを目的とした教育であると定義する（Public Law, 1974, pp.93-380）。

　他方，1977年から1982年までの連邦キャリア教育奨励法は，ややキャリア発達やライフキャリアの視点に重点を移す。キャリア教育は「彼，彼女の生活様式の一部としての，仕事について学び，それに準備し，従事すること，あるいは仕事の価値観を家庭生活のような他の生活役割や選択肢に関連づける…経験の総体」であり，「キャリアの気づき，探求，意思決定，プランニングを含んだ諸活動に限定される」と定義されている（Public Law, 1977, pp.95-207）。これは，当時のキャリア教育のリーダーであったホイトの理解にもとづくものであるといえる。彼は，キャリア教育を，生徒の学力不足，職業的スキルや意思決定スキルを欠いた大量の学卒者の問題等，11の教育改革課題を克服するためのものであり，「彼女，彼の生活様式の一部としての仕事について学び，それに従

事することについて準備するような諸経験の総体」と定義している（Hoyt, 1974, p.6）。

(2) 職業教育法から移行法へ

1984年以降1989年までの間，キャリア教育，とくにキャリアガイダンス・カウンセリングの部分は「カール．D．パーキンス職業教育法」のなかの「総合的キャリアガインダンス・カウンセリングプログラム」として展開されることになった。それは，①自己評価，キャリアプラニング，キャリア決定，エンプロイヤビリティースキルの獲得，②教育・訓練から仕事への移行，③職務スキルや職業の市場価値の維持，④より発展性のある高度テクノロジー分野への転換スキルの発達，⑤中年期キャリアにおける職業探索スキルの発達やキャリア目標の明確化，⑥中等後職業教育や職業訓練の財政支援情報の取得・活用，などの支援を意味する（Public Law, 1984, pp.98-524）。このうち，②の教育・訓練から仕事への移行に関するキャリア支援プログラムは，1994年から2001年まで続いた「学校から仕事への移行法」（Public Law, 1994, pp.103-239）に継承されている。

このようにみると，アメリカのキャリア教育関係法制自体が，教育制度改革志向の総合的プログラム→ライフサイクル志向のプログラム→職業教育の枠内のガンダンス・カウンセリング志向のプログラム→移行過程焦点化志向のプログラムというように転変してきたことがわかる。しかし，助成法の期限とは関わりなく，各州・地域ではキャリア教育は実践・継承されていくから，当然，それは種々さまざまな実践，定義が残存することになるわけである。

2-2　各地でのキャリア教育の展開

その後，管見のかぎり，キャリア教育とは，さまざまな呼び方をされながら，初等教育段階から中等後（高等教育）段階に至る学校内外での，キャリア発達を支援し，キャリアクラスターやキャリアパスウェイの選択を指導する，学校内外にわたる全体的プログラムとして，各州，諸機関において普及してきた。若干の州や組織の事例，キャリア教育コンセプトをみてみよう。

(1) ミネソタプラン

　上述の1974年の改正初等・中等教育法直後に，テニソン（Tennyson, W. W., 1975）の指導下で作成されたミネソタ州の「キャリア発達カリキュラムプロジェクト」は同州のキャリア発達教育（career development education）を「第1に，生徒たちの内部に，彼らと仕事の世界における彼らの役割との統合的でより適切な実像（picture）を発達させること」「第2に，彼らの学習の価値を彼らの職業的個人的願望の価値に結びつけることによって，学力向上への最大限のインセンティブを促進すること」「第3に，ライフスタイル形成の中で，仕事，余暇，家庭，地域などの相互関係の理解を促進すること」と意味づけている（p.13）。このガイダンスベースのキャリア教育プログラムはライフサイクル論に立脚し，幼稚園から3年生（出発期），4年生から6年生（反応期），7年生から9年生（自己表現期），10年生から12年生（組織化期）などごとに，①自己理解，②ライフスタイル・キャリアプラニング，③勤労成人との関わり，④勤労者に関する知識，⑤人間関係スキル，⑥意思決定，⑦尊厳・価値などに関わる「キャリアマネジメント課題」を構造化している（pp.82-83）。

(2) 障害児協議会の生活中心キャリア教育カリキュラム

　また，障害児協議会（The Council for Exceptional Children, 1997）のキャリア教育カリキュラムもミネソタプランや1977年のキャリア教育奨励法の考え方を継承している。この「生活中心キャリア教育カリキュラム」はキャリア教育を「有意義で満足のゆく勤労生活を送るための学ぶ諸経験の総体」「仕事が，ある人間あるいは他の人間のためになることを目指した意図的努力として概念化される」過程と定義する（p. vii）。幼稚園児から第12学年生までのこのカリキュラムは，キャリアを仕事世界の問題として日常生活にまで拡張し，①日常生活スキル（金銭管理など8項目のコンピテンシー），②対人・社会的スキル（自己概念の獲得，他人とのコミュニケーション等7項目），③職業ガイダンス・職業準備（職業訓練・就職機会，身体的・技術的スキルと職業訓練・雇用とのマッチングなど6項目）がそれぞれ多くの下位コンピテンシーや教育訓練内容とともに構造化される（pp.10-80）。

(3) 職業教育におけるキャリア・専門教育

　職業教育の側からのキャリア教育（論）の1つのメッカはオハイオ州立大学教育学部（現教育環境学部），とくにその附属雇用教育訓練センター（Center on Education and Training for Employment）である。同センターはカール，D. パーキンス職業・応用専門教育修正法（1998年）の助成（100％）を受けて運営される「キャリア・専門教育全国普及センター」でもある。2000年に出された1つの報告書が，リンチ（Lynch, R. L., 所属はジョージア大学）によって書かれている。

　リンチは"career and technical education"（「キャリア・専門教育」）を「職業教育の新たな方向」と考え，それがキャリア教育であるために「キャリア探索やプラニングを提供すること」「よりよく学ぶためにアカデミック学力やモチベーションを強化すること」「雇用に役立つ幅広いコンピテンシーやスキルを獲得すること」「継続教育や生涯学習のためのパスウェイを確立すること」を目的とすべきと考える（Lynch, 2000, p. vii）。さらに，このキャリア（専門）教育は，①大学と同様の専門分野に関するハイスクールの学科（キャリアクラスター）の編成，②仕事の世界（キャリア）や生活経験などの観点を貫く，文脈的教授・学習（contextual teaching and learning），③キャリア専門教育の統合部分としての仕事体験学習，④教育標準に見合った生徒の進歩の真正な評価などから構成される（p. 50 ff.）。

(4) ミシガン州のキャリア準備システム

　キャリア教育のシステム構造をより具体的に知るために，筆者が何度か各所の教育機関を訪問取材し，観察してきたミシガン州の事例を紹介する。同州の場合，1997年以降，キャリア教育は幼稚園から第16学年（中等後の高等教育）までにわたる，キャリア準備システム（Career Preparation System）として制度化されている。その目的は，①ミシガンの教育システム全体のなかにキャリアへの準備を完全に統合すること，②すべての生徒が自らのキャリアについて十分の情報を準備できるようにすること，③生徒の進学や職業の選択にとって価値あるスキル，知識等を保障することである（Michigan Department of Ca-

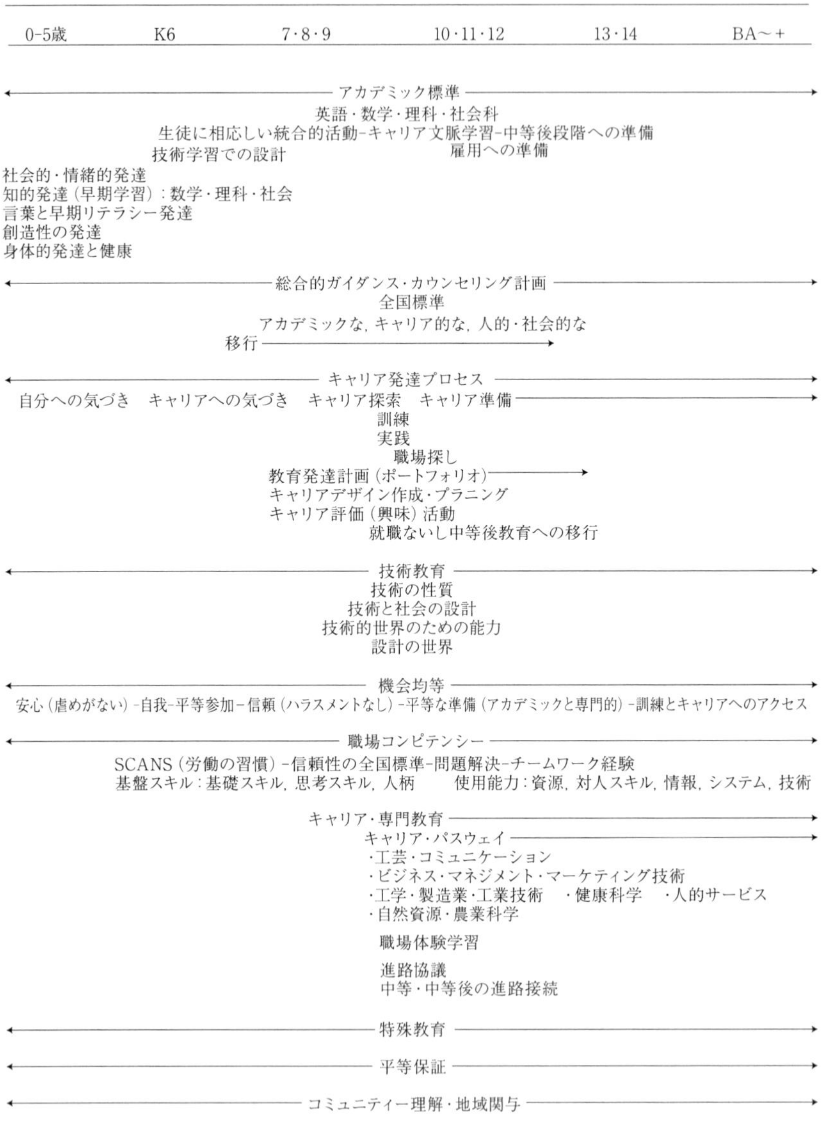

0-5歳	K6	7・8・9	10・11・12	13・14	BA〜+

←――――――――――――――アカデミック標準――――――――――――――→
　　　　　　　　　　　英語・数学・理科・社会科
　　　　　　　　生徒に相応しい統合的活動-キャリア文脈学習-中等後段階への準備
　　　　　　　　技術学習での設計　　　　　　　　　　雇用への準備

社会的・情緒的発達
知的発達（早期学習）：数学・理科・社会
言葉と早期リテラシー発達
創造性の発達
身体的発達と健康

←――――――――――総合的ガイダンス・カウンセリング計画――――――――――→
　　　　　　　　　　　　　全国標準
　　　　　　　　アカデミックな，キャリア的な，人的・社会的な
　　　　　移行

←――――――――――――キャリア発達プロセス――――――――――――→
自分への気づき　キャリアへの気づき　キャリア探索　キャリア準備
　　　　　　　　　　　　　　　訓練
　　　　　　　　　　　　　　　実践
　　　　　　　　　　　　　　職場探し
　　　　　　　　　教育発達計画（ポートフォリオ）――――→
　　　　　　　　　キャリアデザイン作成・プラニング
　　　　　　　　　キャリア評価（興味）活動
　　　　　　　　　　　就職ないし中等後教育への移行

←――――――――――――技術教育――――――――――――→
　　　　　　　　　　　技術の性質
　　　　　　　　　技術と社会の設計
　　　　　　　　技術的世界のための能力
　　　　　　　　　　設計の世界

←――――――――――――機会均等――――――――――――→
安心（虐めがない）-自我-平等参加-信頼（ハラスメントなし）-平等な準備（アカデミックと専門的）-訓練とキャリアへのアクセス

←――――――――――職場コンピテンシー――――――――――→
　　　　　SCANS（労働の習慣）-信頼性の全国標準-問題解決-チームワーク経験
　　　　基盤スキル：基礎スキル，思考スキル，人柄　　使用能力：資源，対人スキル，情報，システム，技術

←――――――――キャリア・専門教育――――――――→
　　　　　　　キャリア・パスウェイ
　　　　　　　・工芸・コミュニケーション
　　　　　　　・ビジネス・マネジメント・マーケティング技術
　　　　　　　・工学・製造業・工業技術　・健康科学　・人的サービス
　　　　　　　・自然資源・農業科学
　　　　　　　職場体験学習
　　　　　　　進路協議
　　　　　　　中等・中等後の進路接続

←――――――――――――特殊教育――――――――――――→
←――――――――――――平等保証――――――――――――→
←――――――――――コミュニティー理解・地域関与――――――――――→

図3-1　ミシガン州・オークランド（カウンティー）学区のキャリア焦点化教育計画
出典：Oakland Schools（County）Board of Education, 2005

reer 2001)。

　この全体プログラムにもとづいたオークランド（カウンティー）の「キャリア焦点化教育」（Career Focused Education）は図3－1のように示される。キャリア準備教育は，初等・中等学校段階では，少なくとも①将来の専門・職業を選択させるための系統的なキャリア発達指導，②普通教科に位置づけられたキャリアに関する学習（career contextual learning），③同じくキャリアや職業に関する特定の科目（①と重なる），④キャリア啓発的な就業体験，⑤選択教科や専門職業教育でのキャリアへの直接的準備，つまりキャリア・専門教育などから構成されることがわかる。

3．比較対照といくつかの検討課題

　わが国においてアメリカのキャリア教育やその受容過程が主に進路指導関係者によって担われ，他の教育学の諸部門の研究は上記の今村，金子らの研究，最近では三村（2001），藤田（1997, 2004, 2005），松本（2005）らの啓蒙的比較研究に限られている。その結果，教科目や普通教育・職業教育双方に関わる問題として論じられることがあまりない。

　他方，アメリカにおけるキャリア教育の実践やキャリア教育理解自体も，同国におけるキャリア教育法制による財政支援の展開やその歴史的制約つまり，その法律上の一時的な制度化やキャリア教育の主要な内容であるキャリアガイダンスやキャリアカウンセリングが職業教育法制下に置かれたことなどを反映して，必ずしも一様ではない。

　このような日米の違いを前提にしながら，なお発展の初期段階にある日本のキャリア教育論とアメリカのキャリア教育の実態に反映している考え方を比較対照し，わが国におけるキャリア教育論の特質を押さえておく必要がある。

3－1　比較対照：わが国のキャリア教育論の特質と制約

　渡辺（2005）は，キャリアガイダンスとキャリアカウンセリングに関して日米の比較を行っている。それをも参考にして，ここでは，全米規模の，すでに

相当の発展を経た先駆者であるアメリカのキャリア教育とその紹介・普及に努めている最中の日本のそれとを，第1にその社会的意義，第2に教育課程上の位置，第3に教育の目標という3つの指標から比較対照する。その際，いくつかの異同が浮かび上がる。

(1) 共通性・類似性

まず，類似点について。両国において，第1に若者の学校から仕事への移行に関わる問題として議論されていること，第2に児童期から高等教育の期間にわたる学校教育全体，あるいは地域社会や産業界との連携プログラムとして構想されていること，第3にガイダンス志向のもの，ライフキャリア志向のもの，仕事志向のもの，職業教育そのものなどさまざまなキャリア教育論が存在すること，また教育界においてさえそれほど認知されているわけでもないことなどである。

(2) 差異性

他方，両者の間にはかなり大きな相違・乖離が存在する。第1に，アメリカではキャリア教育は職業教育や中等教育の改革理念として，あるいは時に狭義には，それ自体の新たな姿として追求されてきたのに対して，日本では職業観形成やフリーター防止策の視角からは活発であるけれども，スキルや知識の育成に関わる職業能力開発という意味の職業教育の位置づけが弱い。畢竟，日本のキャリア教育論は，進路指導ないしキャリアガイダンス志向とならざるをえず，比較的短期のインターンシップや生き方の指導，ライフキャリアのデザイン（笹川，2004）などが強調されることになる。

第2に，アメリカのキャリア教育の構想に比して，わが国のそれにおいては，職業教育分野だけでなく，アカデミックな科目，つまり知識・スキルの普通学習におけるキャリア学習，キャリア文脈学習的な取り組み・議論の視点がなお部分的なものである。

第3に，キャリア教育の目標になるキャリア発達の視点は1974年法やホイトの議論などを通じて日本にも十分取り入れられているが，わが国においては本章1-3で示した定義が示すように，スキル，コンピテンシー，モチベーシ

ョンよりも価値観（values），職業観が前面に出る。

3-2　キャリア教育研究の課題

　1980年代以降の教育や福祉の規制緩和政策や民営化（市場化）政策の展開のなかで，キャリアガイダンスやキャリア教育の分野において，学校教育行政ではなく，若干の学習企業がそれらのプログラム作成や実証的研究などを代行しつつある。このような状況を考えるとき，生徒・学生のキャリア形成に関係する諸学，とくに教育学研究の役割は大きい。上記の日米におけるキャリア教育の議論や展開をふまえると，筆者は上記の3点（違いの側面）に関連した，ともすれば過度に強調されたり，逆に重視されなかったりする以下の3つの点の研究蓄積が必要と思われる。

　第1にライフキャリアと職業キャリアの関連の問題，とくにキャリア教育における職業教育の位置づけの問題，第2にキャリア教育，あるいは長い人生全体におけるキャリア形成のなかでの職業観の問題，生徒・学生のキャリア教育段階でも職業観・職業意識形成の特質や課題の究明の問題，そして第3に通常教科におけるキャリア教育，キャリア学習の位置づけや意味に関する問題などである。以上の諸点は喫緊の課題であると考えられる。わが国のキャリア教育研究は，先駆者であるアメリカの実践や研究の歴史的特質をふまえつつ，それとの異同を押さえたうえで，日本的なキャリア教育の構築を模索すべきであろう。

参考文献
Dewey, John（1916）*Democracy and Education, An introduction to the philosophy of education*, 23. printing, New York, The Macmillan Company, 1950, 23rd printing.（帆足理一郎訳（1959）『民主主義と教育』改訂新版，春秋社）
藤田晃之（1997）「アメリカにおけるキャリア開発教育関連諸理論の展開」『キャリア開発教育制度研究序説』教育開発研究所，第1章第3節.
───（2004）「アメリカにおける若年者就職支援施策の特質と課題，労働政策研究・研修機構，諸外国の若者就業支援政策の展開—ドイツとアメリカを中心に—」『労働政策研究報告書』No.1，第3部.
───（2005）「アメリカのキャリア教育と就業支援」小杉礼子・堀有喜衣『キャリア教育

と就業支援―フリーター・ニート対策の国際比較―』勁草書房，第 2 章.
Hoyt, Kenneth B. (1974) *An Introduction to Career Education; A Policy Paper of the Office of Education*, Washington, D. C..
―――(2005) *Career Education: History and Future*, National Career Development Association, Tulsa Oklahoma.（仙崎武他訳（2005）『キャリア教育―歴史と未来』雇用問題研究会）
今村令子（1972）「キャリアエデュケーション」『学校経営』第 17 巻第 12 号.
金子忠史（1985）「キャリアの理念とモデル」『変革期のアメリカ教育―学校編―』東信堂，第 8 章.
キャリア形成を支援する労働市場政策研究会報告書（2002）「キャリア形成の現状と支援政策の展開」1(1)参照.
古閑博美編（2001）『インターンシップ：職業教育の理論と実践』学文社.
Lynch, Richard L. (2000) New Directions for High School Career and Technical Education in the 21st Century, *Information Series*, No. 384, Center on Education and Training for Employment, College of Education, The Ohio State University.
Marland, Sidney, P. Jr. (1975) Career Education (Document Resume of Office of Education), Washington, D. C. 1971, p. 1, Career Education; The Most Exiting Trend in Schooling Today, In. David C. Wigglesworth, *Career Education*, San Francisco.
松本浩司（2005）「アメリカにおけるキャリア教育論の展開」『名古屋大学大学院教育発達科学研究科紀要』（教育科学），第 52 巻第 1 号.
Michigan Department of Career Development (2001) *Career Preparation, System Overview*, East Lansing.
三村隆男（2001）「アメリカ合衆国の『学校から仕事への移行』プログラムから学ぶもの」『教育』国土社，2001 年 4 月号.
―――(2004)『キャリア教育入門―その理論と実践のために』実業之日本社，初版第 1 刷.
文部科学省初等中等教育局（2004）「キャリア教育の推進に関する総合的調査研究協力者会議報告書―児童生徒一人一人の勤労観，職業観を育てるために―」.
文部省・中央教育審議会（1999）「今後の初等中等教育と高等教育の接続の改善について」（答申）第 6 章第 1 節.
野淵龍雄（1973）「アメリカにおけるキャリア教育（ニューフロンティア）の可能性について」『進路指導』第 46 巻第 4 号.
―――(1983)「職業指導の理論と実践―アメリカ合衆国における Career Education Movement の研究―Ⅰ―」『新潟大学教育学部紀要』第 24 巻第 2 号.
―――(1984)「アメリカ合衆国における Career Education Movement の研究―Ⅱ―」同上第 25 巻第 2 号.
―――(1985)「アメリカ合衆国における Career Education Movement の研究―Ⅲ―」同上第 27 巻第 1 号.
Oakland Schools (County) Board of Education (2005) Alignment of Career Focused Education with the Educatiobnal System.
Public Law (1974) 93-380-Aug. 21. 1974, Sec. 406.
――― (1977) 95-207-Dec. 13, 1977, Sec. 15, (1)(a), (b).

────（1984）98-524-Oct. 19, 1984, Sec. 332.
────（1994）103-239-Apr. 5, 1994.
笹川孝一（2004）「『個人の時代と』とキャリアデザイン，生涯学習」笹川編『生涯学習社会とキャリアデザイン』法政大学出版局．
斉藤健次郎（1993）「職業教育」安彦忠彦他編『現代学校教育大事典　4』ぎょうせい．
仙崎武（1973）「アメリカの新しい職業教育──キャリア・エデュケーション──の現状と動向」『産業教育』第 23 巻第 7 号．
────（1979）「欧米におけるキャリアエデュケーション」文教センター印刷・出版部．
Super, Donald E.（1957）*The Psychology of Careers; An introduction to Vocational Development,* New York, Harper & Row.（日本職業指導学会編（1970）『職業生活の心理学』誠信書房，第 5 刷（第 1 刷は 1960 年））
国立大学協会　教育・学生委員会（2005）「大学におけるキャリア教育のあり方──キャリア教育科目を中心に──」．
職業教育・進路指導研究会（1998）「職業教育及び進路指導に関する基礎的研究」（最終報告），代表仙崎武．
竹内登規夫（2002）「『生き方』を重視した進路指導」仙崎武編『キャリア教育読本』（教職研修総合特集）No. 142, 教育開発研究所．
Tennyson, Wesley W. et al.（1975）*Education for Career Development*（*Document Resume of Minnesota State Department of Education*）, Washington D. C.
The Council for Exceptional Children（1997）Life Centered Career Education, *Modified Curriculum for Individuals with Moderate Disabilities,* Reston Virginia.
寺田盛紀（2005）「キャリア形成（学）研究構築可能性に関する試論」『生涯学習・キャリア教育研究』（名古屋大学教育発達科学研究科），第 1 号 II 参照．
────「職業教育」（2002）安彦忠彦他編『現代学校教育大事典　4』ぎょうせい．
渡辺三枝子・E. L. ハー（2005）『キャリアカウンセリング入門──人と仕事の橋渡し──』ナカニシヤ出版，初版第 6 版．

第4章
キャリア教育の領域と構造
―職業指導からキャリアガイダンスそしてキャリア教育へ―

1. 職業指導の時代

1-1　教科内領域としての職業指導

　第二次世界大戦後最初のキャリア教育は，実質的な職業教育の教科領域として中学校のアメリカ由来の「職業科」のなかの職業指導領域に端を発する。つまり，1947年3月の『中学校学習指導要領　一般編（試案）』，同年5月の「学校教育法施行規則」およびそれらを受けて作成された家庭（5月），農業（10月），工業（12月），水産（12月），商業（12月）とならぶ，職業指導（10月）の学習指導要領の刊行に由来する。トータルで週4時間教授されるべきこの職業科は，①職業指導とその他の各領域を融合的（統合的）に与えるか，②両者を別々に与えるか，あるいは③職業指導を社会科（職業科とならぶ，もう1つのアメリカ型の新設教科）のなかで行いつつ，両者を関連づけて指導するか，いずれかの形態をとるべきであった。

　その職業指導は「個人が職業を選択し，その準備をし，就職し，進歩するのを援助する」（文部省，1947，1980復刻版，pp.3-5）ためのものであり，職業理解，職業研究（見学等），職業実習（試行過程），職業選択（選職指導），学校選択からなるものとされていた。工業編では，工業の職業教育は，生徒が「工業に関係あるいろいろな職業の内容について理解する」ことを目的とされ，第7学年で木工（70%），竹工（総工，30%），第8学年で金工（60%），電気（40%），第9学年でやきもの製作（30%），コンクリート工（30%），染色・織物（40%）が設定されていた。

しかし，この段階では，当時の産業構造や職業科教員構成（ほとんどが戦前の国民学校や青年学校の農業教員であったこと）を反映し，工業教育や職業指導は都市の一部でしか行われず，職業科の授業は戦前の農業教育をそのまま実践していたといわれる（清原，1998, p.646・652）。

1－2 啓発的経験（各領域の学習方法）としての職業指導

ついで，職業教育重視の考え方と職業指導重視の考え方の葛藤を経て，1949年5月の文部省通達は，戦前以来の農業的職業教育（勤労主義）の考えや産業分類による5領域の併存状態を改め，アメリカの職業指導の考え方を採用し，職業科全体を職業指導の「啓発的経験」（試行過程＝try out）の考え方にもとづいて，「職業科及び家庭科」なる2つの科目群に再編した。栽培・飼育・漁，食品加工，事務，製図，機械操作，手技工作，調理，保健衛生などの8分野のうち，3分野以上にわたって職業指導的な実習として性別に関わりなく教授されるべきものとされた。

しかし，このカリキュラムは実施されることなく，1949年12月には，文部省通達はさらに職業指導的観点と家庭科を強化し，職業科教育を「実生活に役立つ仕事を中心に組織される「職業・家庭科」という統合的教科に再編した。前の5月の通達にない仕事分野でいえば，栽培・飼育・漁の分野が分離されたうえ，経営記帳，計算の2つの商業分野の仕事が追加され，合計12の分野から構成されることになった。この考え方が，1951年の2回目の学習指導要領に反映された（海後，1952, pp.109-110）。フリックランド（Fryklund, Verne C.）などの名で知られる1940年代のアメリカで普及していた職業・作業分析（Trade and Job Analysis）の手順によって作成されたカリキュラムである。

その後，1953年と1954年の2回にわたる中央産業教育審議会の建議を経て，1956年5月に新たなカリキュラムが作成され，『中学校学習指導要領　職業・家庭科編　昭和32年度改訂版』として刊行された。ここでは，職業教育的な概念を避け，「基礎的・基本的な生活活動」の観点から，いわば職業教育準備性を薄める考えから，農業関係，漁業，工業技術，商業，家庭，職業指導の6

領域(3年間にわたり週34時間)構成とした。しかも,漁業を除くどの領域も最低35時間(週1時間)は男女とも必修であった(日本職業指導協会,1956,第1章参照)。農業,漁業まで含まれているけれども,工業や商業関係の技術教育,家庭教育とともに,職業指導などからも構成される普通教育段階の前職業教育が施されていた。

2. 職業指導から生き方指導の進路指導へ

2-1 職業・家庭科廃止による教科「技術・家庭科」と特別活動としての進路指導

1958年には,科学技術教育の発展の必要性が高まるなかで,職業・家庭科は工業技術教育的な内容を強化するために「技術・家庭科」に再編され,かつ職業指導を埒外におくことになった。その職業指導もまさに「職業」の要素をそれほど含む必要がなくなり,進路指導と呼ばれるようになった。高校進学率の高まり(1960年度には60%強,1970年度には80%強)とともに,進路指導は「特別活動」のなかの学級担任教師による「進学指導」に傾斜することになった。

高校の場合も,従来どおり,「特別教育活動」の「ホームルーム」内で,しかし週1時間で行われることになった。

中学校最初の進路指導に関する解説書である『中学校 進路指導の手引き〔学級担任編〕』(文部省,1961)は,進路指導(の領域)を「生徒の個人資料,進路情報,啓発的経験,および相談を通して生徒みずから,将来の進路の選択・計画をし,就職または進学」するために「教師が…指導援助する過程」と定義した(p.1)。ここでいわれる,①生徒理解(個人資料),②進路情報,③啓発的経験,④進路相談,⑤進路の選択・決定に加えて,⑥補導のための活動(追指導)の6つの内容が,職業指導を含む学校進路指導の領域とされたのである。

職業準備性を薄めた(職業教育から独立した)進路指導,進学指導に傾斜した進路指導は,週1時間程度の学級活動(中学)や,ホームルームのなかで特別教育活動(高校)の一部分で行われることになった関係で,それほど安定し

ていたわけではなかった。

　1973年の文部省による全国調査（文部省，1973）によると，進路指導の授業は中学校では平均的に年間10から15時間，高校では時間数は不明であるが，75％程度の学級でしか予定どおり行われていないことが明らかになった。また，内容的にみると，中学校では学校に関する進学情報は「十分」であるが，職業・産業に関するものは「不十分」との回答がそれぞれもっとも多かった。啓発的経験にしても，60％程度の学校で実施しているけれども，ほとんどが「職場見学」と称される，半日程度のものであった。

2-2　進路指導でなくキャリアガイダンスへ

　このような実態とともに，進学指導傾斜の進路指導に対する反省からも，1970年代初頭以降のアメリカにおけるキャリア教育運動を反映して，急速にキャリア・ガイダンスの考え方が中学・高校の進路指導に普及する。藤本によると，その転機は1983年の「中学校・高等学校進路指導の手びき（高校ホームルーム担任編）」であるという（藤本，1985）。いわく「進路指導は，生徒一人一人が，自分の将来への生き方への関心を深め，…卒業後…社会的職業的自己実現を達成していく…指導援助の過程である」（p.8）。文部省の担当者は，その手引きの主旨に関して，「学校における進路指導は，本来人間の生涯教育（キャリアエデュケーション）的な立場に立って行われるべきものである」と明確に解説している（山口，1987, p.17）。

3．キャリア教育の実践とその領域

　このように，キャリアガイダンスがキャリア教育と混然一体に構想されていたなかで，わが国では，2002年の国立教育政策研究所の報告書（2002）や2004年の協力者会議の報告書（文部科学省，2004）あたりから，キャリア教育は構想の段階から実践の段階に移行したといえる。以下，わが国のキャリア教育について，各学校段階や教育課程の領域構造にしたがって概観する。

　第3章で示したアメリカ連邦教育局のモデルやミシガン州のキャリア教育シ

ステムを参考にすると，初等・中等学校段階のキャリア教育は，①学年・学校段階を通じての系統的なガイダンスとカウンセリング，②労働や職業に直接準備する教科・科目・領域，③労働現場・職業現場での啓発的体験，④普通科目や総合的な学習（の時間）のなかでの仕事や職業に関する教材の学習，⑤一般的なキャリア教育のまとめ段階としての専門教育や職業教育（専門キャリア教育）から構成される（寺田，2007）。また，それ以外に⑥生徒・学生の私的生活領域における活動や人間関係（家庭生活や課外活動等）との関連づけも重要になる。

3-1　ガイダンス・カウンセリング

わが国では，キャリアガイダンス（進路指導）は，中・高校の場合，おもに教科外の「特別活動」の「ホームルーム活動」のなかで行われている。各学校では「進路指導の年間指導計画」が組まれ，「学ぶことと働くことの意義」「進路適性の吟味と進路情報の活用」「望ましい勤労観・職業観の形成」「主体的な進路の選択と将来設計」などがホームルーム担任教師によって指導される。方法的には，卒業生や職業人の講話，各種の興味検査や適性検査，進路希望アンケート・作文，種々のキャリアデザインブックの活用などが行われている。

しかし，キャリアガイダンスが学校カウンセリング部のカウンセラーの仕事とされている欧米諸外国とは異なり，わが国ではそれは教科専門のクラス担任に依存している関係で，系統的に展開することに難点がある。概して上級学校進学や就職仲介のためのスケジュール的な指導が多くを占めている（第5章参照）。他方，カウンセリングという点では，わが国の担任制度はメンタルヘルス的，専門的なものは別にしても，日常的カウンセリングの面では機能しやすくなっている。

3-2　労働・職業・キャリア関係の独自科目

中学校では，「技術・家庭科」という教科がアメリカの技術科（Technology education）やドイツの労働学習（Arbeitslehre）にあたる仕事・職業世界に準備する独自の教科となっている。しかし，「生活技術」の側面やコンピュータ処

理技術に力点がおかれ，将来の職業キャリアに能力形成の面で直接準備する位置づけはなされていない。

高校では，必修教科として教科情報が設けられている。また，アメリカのハイスクールのようにすべての生徒がさまざまな職業科目を履修できるシステムではないが，普通科でも3分の2程度の学校で若干の職業科目が開設されている。

そのほか，1994年度以降設置された高校総合学科では，原則履修科目である「産業社会と人間」（職業生活と産業に関する理解，進路情報・自己理解の学習）はキャリア教育の独自科目となっており，さらに，2000年から開設・実施されている小・中・高における「総合的な学習の時間」においても若干の時間を使って「職業や自己の将来に関する学習活動」「自己の在り方，生き方や進路について考察する学習活動」が展開されている。

3-3 インターンシップ

一般に「インターンシップ」と呼ばれる就業体験は，1960年代以前の職業指導やそれ以降の進路指導における「啓発的経験」として位置づけられてきた。1960年代ごろまでは，とくに高校の職業教育学科においてごく普通に正規課程の一環として，あるいは選択制で行われていた。その後，就業体験は長らくわが国の学校教育において脇に置かれることになったが，現在では，公立高校に限っても，74％の普通科，87％の専門学科の高校で導入されている。ただ，全高校生のなかでの体験率はなお低く，実施期間も数日から長くて2週間程度であり，その拡大・長期化が課題になっている。

3-4 普通科目および総合的学習の時間におけるキャリア学習

(1) 通常の普通科目のなかでのキャリア文脈学習

キャリア教育でもっとも複雑な議論と困難を伴うのが，通常の教科目（普通・教養科目や職業・専門科目）におけるキャリア教育（というよりキャリア学習）である。2011年の中教審答申などでも，「教科でのキャリア教育」が提案されて

いる。アメリカでは，上記のミシガン州の例のように，「キャリア・コンテキスチュアル教授・学習（career contextual teaching and learning）」と呼ばれ，教科の応用的題材として仕事生活の状況やキャリアデザイン活動が位置づけられている。

(2) 総合的学習の時間におけるキャリア（進路）の学習

1998年の小学校と中学校の学習指導要領，1999年の高等学校学習指導要領で導入された「総合的な学習の時間」（中学校では年間70～130時間，高校では3年間で105～210時間）において，それぞれ教科横断的に行う学習として進路（キャリア）の学習が広く行われるようになった。

この学習は元来，学習の個別化，個性化という1980年代以降の流れのなかで，学習へ興味・関心の喚起，「生きる力」の育成をねらったものであるが，国際理解，情報，環境，福祉・健康などの学際的・教科横断的学習のなかで「自己の生き方」（中学生），進路意識の形成（高校）を位置づけている。

この総合的学習の1つの全国的なモデルとして，筆者の所属学部の名古屋大学教育学部附属中高校の「総合人間科」（中学週2時間，高校週1時間）の実践がある。そこでは，「平和と国際理解」「生命と環境」「生き方を学ぶ（探る）」などのテーマが1995年以降「キャリア形成」という観点から取り組まれてきたこと（名古屋大学教育学部附属中・高等学校，2003）が報告されており，この内容は現行の総合的学習に関する学習指導要領の項目にほぼ対応している。

(3) 総合学科における「産業社会と人間」

総合学科高校では「産業社会と人間」（文部省，1993）なるキャリア学習教科が「原則履修科目」として必修化され，専門高校では「総合的な学習の時間」がこの学習にあてられている。総合学科高校は，1994年以降「普通教育と職業教育の総合的履修を旨として」新設された学校であるが，生徒が多様な選択肢のなかから自分の進路を選び，3年間を通して進路を考えることのできる新たな高校として誕生した。その目玉となる科目が「産業社会と人間」である。1993年に発行された文部省の指導資料（同，1993）はその内容が，①職業と生活，②わが国の産業の発展と社会の変化，③進路と自己実現，から構成されるべき

ことを指示している。

3-5　専門教育・職業教育におけるキャリア教育

わが国のこれまでの議論や定義においては，キャリア教育と職業教育や専門教育を切り離す傾向があった。にもかかわらず，文部科学省等においては，キャリア教育，とくにインターンシップや職業倫理の教育などは職業教育や専門教育においても教えられるべきものとされている。要するに，キャリア教育には，普通教育における仕事や職業への一般的な方向づけと特定の職業や専門（群）へのそれから構成され，専門職業的キャリア教育があって，キャリア教育は完結すると考えられる。

しかし，専門知識・スキル志向の職業教育や職業訓練がただちにキャリア教育となるわけでなく，それはアメリカのキャリア教育奨励法がいうように，専門座学や専門的インターンシップにおいて一定もしくは特定の職業への気づき，探索，意思決定，プラニングのプロセスが組み込まれ，さらに専門職業分野における職務やキャリア形成を教材化すること，具体的なキャリアモデルとの出会いというプロセスを組み込むことが必要になる。高校の専門学科はインターンシップにおいて普通科に先行しているものの，専門座学科目における職業現実の位置づけが進んでいるとはいえない。

3-6　高等教育機関のキャリア教育

第9章で詳論するが，大学など高等教育機関におけるキャリア教育は，1990年代後半以降展開されてきた。高等教育機関においても本章3-1～3-5のキャリア教育領域の構造化をはかることができる。

まず，就職協定が廃止された1996年の翌年から大学におけるインターンシップ，ただし企業現場の観察や若干の就労体験による職業選択啓発型，社会体験型のものが，当時の文部省や通産省のイニシアティブによって急速な勢いで展開されてきた。現在では，50％を超える大学がインターンシップを取り入れた科目を開設している。

高等教育機関のキャリア教育の在り方を考えるとき，高校以下のキャリア教育と異なり重要になるのは，就職を間近に控えている学生に対するキャリア支援である。ほとんどの大学では，かつての就職支援という呼称をキャリア支援と言い換えて，就職への直接的支援よりも産業や職業現場で必要となる知識やスキルを養う科目（キャリア科目）を通して支援を行っている。2010年2月に大学設置基準が改正され，キャリアガイダンス（審議段階では「職業指導」とされていた）の実施が義務づけられるに至っている。

　そのほか，大学など高等教育機関では専門教育課程（講義とともに実習科目）や課外活動におけるキャリア教育の位置づけがとくに重要になる。学生の学業生活の大半はこれらにあてられるからであり，それを除外したキャリア教育は成り立たないからである。

4．キャリア学習の教育課程における位置づけ

4－1　キャリア教育論の2つのポイント

　2002年の国立教育政策研究所の「4領域・8能力論」は，仙崎・渡辺らの最初の考案（職業教育・キャリア教育研究会，1998）以降，今日まで独り歩きしている。その「4領域」を含めて，それは能力の「領域論」であって，内容領域論ではない。内容論を伴わない目標論であっては教育として具体化されない。また，キャリア教育は教育全体の理念であって，特定の内容を持つものでないとするなら，特段，議論・取り組みの必要もない。第2章でふれ，第9章でも述べるように，キャリア教育の目標や内容が，日本の子どもたちの発達状況に基づいた能力論・内容論から出発しないで，アメリカなどでのジェネリックスキル重視（基礎力や汎用的能力の強調）の傾向をわが国に引き写したものであるとするなら，わが国の子どもや若者の課題解決に及ばない。一方で，キャリア教育が「端的に言えば勤労観・職業観を育成すること」（文部科学省，2004，p.7）とされながら，2002年の国立教育政策研究所の「職業観・勤労観を育む学習プログラムの枠組み」では，「勤労観・職業観」が「4領域・8能力」のなかの「職業理解能力」に位置づけられているなど（同，p.35）の問題がある。

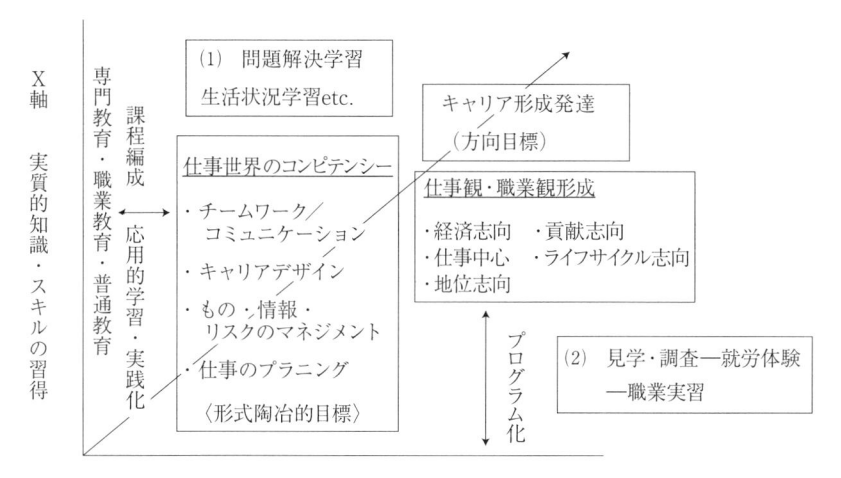

```
X軸  専門教育・職業教育・普通教育  課程編成  応用的学習・実践化
  実質的知識・スキルの習得

(1) 問題解決学習
    生活状況学習etc.

キャリア形成発達
（方向目標）

仕事世界のコンピテンシー
・チームワーク／コミュニケーション
・キャリアデザイン
・もの・情報・リスクのマネジメント
・仕事のプラニング
〈形式陶冶的目標〉

仕事観・職業観形成
・経済志向    ・貢献志向
・仕事中心    ・ライフサイクル志向
・地位志向

プログラム化

(2) 見学・調査─就労体験
    ─職業実習

Y軸  諸経験／人・社会との関わり（キャリアの内面化・モデル獲得）
    家庭・課外・交友・アルバイト等
```

図4－1　キャリア教育の目標・内容・方法の構造連関（寺田作成）

要は，知識，技能・スキル，基礎力など形式的・抽象的能力，そして態度・価値観がバランスよく構造化される必要がある。

4－2　キャリア教育の教育課程構造

(1) 目標論・内容論・方法論の関連構造

目標論（能力論）だけでなく，教育課程論，方法論とリンクさせて考えると，キャリア教育は図4－1のとおり示される。

まず，キャリア教育の特別の科目（例えば高校の「産業社会と人間」や各大学のいわゆるキャリア科目）を含む明白な教育課程における知識やスキルのX軸と，主として人との関わりのなかで身につけられる仕事観，職業観（キャリア観といってもよい）のY軸から教育活動・課程は構成される。

また，教育課程における知識，スキルをキャリアの観点から実践的に展開するなかで，「基礎力」「汎用的能力」「学士力」などといわれる抽象的，形式的能力（コンピテンシー）を具体化できる。他方，職業現場での職業人らとの関

わりをプログラム化（一種のカリキュラム化）することで，仕事観・職業観を誘発する。

　教育は広義には形成（非意図的）ともいわれるが，形式陶冶的能力（「汎用的能力」「基礎力」）自体を追い求めても内容が伴わないと「迷路」に入る。それらの特別のプログラムは，就職支援など，移行期のごく特別の取り組みに限られる。教育とは狭義には学習・探索的経験と教授・指導の意図的・計画的な作用であり，教科・科目，特別活動などにおけるカリキュラム化，プログラム化なくして成り立たない。抽象的目標は具体的な題材や体験を通して達成される。社会的要請と公的教育課程・学習者の発達過程を突き合わせる「学・産（地域）・官・研」によるカリキュラムづくり・プログラムづくりが必要である。

　キャリア教育は普通，職業・専門の各段階にわたる。職業教育・専門教育はキャリア教育の完成段階（出口）にあたる。フリーター，NEET問題がこれだけ大きな社会問題になり，だれもが一度すぐ目の前の卒後職業につかねばならないのに，職業との結びつきを否定するようなキャリア教育であっては不十分なものとなる。ただし，キャリア教育には，キャリア（仕事の世界）に関する課程，経験の活動のなかに，理解，準備，気づき，探索，協働，選択の内容・過程を含むことが必要となる。

学校段階	指導領域	目標・人格領域／具体目標	知識・スキル（実質的外面的能力）			コンピテンシー（潜在的・形式的能力）			キャリア観・職業観（仕事観）		
			知識・情報理解	操作・活用力	デザイン計画力	人間関係能力	問題解決能力	チームワーク	働くモチベーション・展望	倫理・規範・道徳	価値観
幼稚園 小学校	領域等										
	課外										
	進路										
	体験										
中学校	教科等										
	課外										
	進路										
	体験										
普通科	教科等										
	課外										

図4-2　生徒・学生の職業的発達（キャリア発達）の目標と
　　　　指導内容・方法のマトリックス（寺田作成）

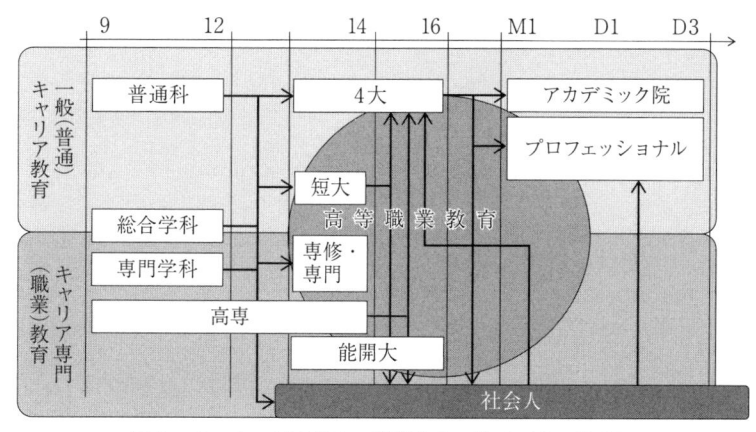

図4-3 キャリア教育・職業教育の体系（寺田作成）

(2) キャリア教育の課程編成

以上を総括し，キャリア教育を具体的に教育課程に落とす（編成する）イメージを図4-2のように，また初等教育から高等教育にいたるキャリア教育を一般的（普通教育的）と専門職業教育的とに分類し，体系化すれば，図4-3のように描くことができる。

参考文献
藤本喜八（1985）「進路指導の定義の歩み」『進路指導研究』第6号．
Borow, Henry edt. (1973) *Career Guidance for a New Age*, Houghton Mifflin Comapany, Boston.
Hoyt, Kenneth B. *Career Education: History and Future*, National Career Development Association, Tulsa Oklahoma, 2005.（仙﨑武他訳（2005）『キャリア教育—歴史と未来』雇用問題研究会）
海後宗臣（1952）「昭和26年度改訂版　学習指導要領による中学校職業・家庭科の解説」中央産業教育審議会．
清原道壽（1998）『昭和技術教育史』農文協．
国立教育政策研究所・生徒指導研究センター（2002）「児童生徒の職業観・勤労観を育む教育の推進について」（調査報告書）．
Marland, Sidney P., *Career Education*, Washington D. C., 1971.
文部科学省（2004）「キャリア教育の推進に関する総合的調査研究協力者会議報告書」．
文部省（1947, 1980）「学習指導要領職業指導編（試案）」日本図書センター復刻版．
———（1961）「中学校　進路指導の手引き（学級担任編）」．

───(1993)「産業社会と人間」指導資料,ぎょうせい.
───(1999)「初等中等教育と高等教育との接続の改善について」(答申).
文部省初等中等教育局(1973)「進路指導の現状と問題」.
文部省・中央教育審議会(2011)「今後の学校におけるキャリア教育・職業教育の在り方について」(答申).
名古屋大学教育学部附属中・高等学校編著(2003)『新しい中等教育へのメッセージ』黎明書房.
日本職業指導協会(1956)『改訂職業・家庭科とその指導法』実業之日本社.
Public Law (1977) Public Law 95-207 Sec.15.
仙崎武(1979)「欧米におけるキャリアエデュケーション」文教センター印刷・出版部.
職業教育・進路指導研究会(仙崎武代表)(1998)「職業教育及び進路指導に関する基礎的研究」(最終報告)文部科学省委託研究.
寺田盛紀(2007)「アメリカにおけるキャリア教育の展開とわが国における受容」『生涯学習・キャリア教育研究』第3号.
山口政志(1987)「中学校・高等学校における適切な進路指導の在り方」『季刊教育法』第69号夏季号.

第5章
高校におけるキャリア教育と進路指導の実践
―進学普通校・進路多様普通校・専門高校の比較―

本章では，高校におけるキャリア教育や進路指導を第1章と同様，「仕事への移行」「高等教育機関への移行」という視点から，制度の概略と典型的な学校の実践例を比較検討する。

1．関連する研究と課題

1-1 各領域における研究アプローチ

日本においては，高校生のキャリア形成（仕事生活や高等教育機関への移行）は，まずは高卒者のなかでメジャーである大学進学者の大学・学部への進学過程と，高卒後就職する者の仕事への移行過程という2つの形をとる。したがって，高校生から大学生にかけてのキャリア形成（移行）研究は，キャリアガイダンスや進路指導のなかでの仕事や職業への準備に関する実践の研究として，そしてもう1つは高卒就職に関する移行研究として展開されてきた。もちろん，後者が研究のメインであった。

前者に関しては，おもに心理学や教育社会学の研究者が高校生の進路選択におけるキャリア意識や家族などの因子の影響や因子構造の解明に努めてきた（Shimizu & Schulenberg, 1990／鈴木・柳井，1993／樋田他，2000／尾嶋編，2001）。また進路指導の枠内での高校生の労働観や職業観形成を問題にしてきた研究もある（廣井，1976／宮内，1986／野淵，1998）。他方，後者の社会学志向の諸研究は就職過程の階層再生産機能や学歴・学力効果を問題にしてきた（苅谷，1991／小杉他，1998／矢島・耳塚，2001／竹内他，2002／日本労働政策研究・研修機構，2008／Hori, 2009）。職業教育研究の立場からは，就職過程における職

業教育機能の実態を解明してきた一連の研究もある（寺田, 1998, 第5章／2004, 第3章／2009, 第7章）。

概して，これまでの高校生の仕事への移行過程に関する研究は，上記の宮内の研究を除けば，OECDのレビュー（2000, p.21）が整理するような「構造アプローチ（structure approach）」に傾斜し，「学習者志向のアプローチ（learner centered approach）」，つまりカリキュラムや学習過程との関連で生徒自身の職業発達過程を問題にする教育学的研究，筆者がいうところの「カリキュラム移行」の解明がほとんどなされてこなかった（寺田, 2009）。

1-2 課題・方法

本章では，その場合，移行の社会学的側面，つまり就職や進学の進路指導（career guidance）という「学校から企業社会への組織間移行（organizational transition）」の側面と，生徒の高校での職業や労働への直接的な能力形成に関する教育訓練内容・活動，つまり「カリキュラム移行（curriculum transition）」の側面の両方に注目する。

日本の高校における主要な学科である普通科と専門学科に関して，上記の移行の2つの側面との関連で特色づけると，まず，組織間移行という点で注目されるのは，①「進学普通校」で典型的な大学への入学という関門をくぐるプロセスと，②工業，農業，商業をはじめとした「専門高校」で形成された日本独特の高卒者の就職メカニズム，そしてカリキュラム移行の面では，③当然のこと，専門高校や職業学科における教育と就業生活との関連の問題，さらに④普通高校で行われている選択制の部分的な職業教育ないしキャリア教育である。

以下，それらの実態を，おもに，典型的な進学志向のA普通高校（上記①の課題），伝統的なB工業高校（②③の課題），進路多様のC普通高校（④の課題）の各事例に即して分析する。

2．「進学普通校」における仕事への移行のモラトリアム：A高校

2－1　大学入学試験の移行機能

　A高校は，1899年男子の旧制中等学校として設立された，ある県の随一の伝統校であり，有名国立大学志向の進学普通校である。

　日本の大学入学のためには，国公立大学の場合，全国共通の試験（1月半ばに7－8科目の受験が必要）とともに個別大学の入学試験（2月下旬に主要3－4科目），さらに私立大学の場合は1月下旬から2月中旬にかけて2－3科目の入学試験を経て，合格すれば希望大学に入学できる。高校生は通常，私立大学1校，国公立大学のなかから1校を希望し，受験する。表5－1のA高校のように卒業生360名（男子185名，女子175名）の大学合格者数が生徒数より多くなるのはそのためである。いずれにしても不合格の場合，次年度の試験を目指して，1年間，ときに2年間「浪人」として塾や予備校に通いながら試験に備える。A高校の場合，ほぼ全員が著名大学に合格するので，就職者はわずか1名にすぎない（2010年度）。

　アジア諸国においては，概して，近代以降，ギルド制的な職業規制を撤廃するか，もしくは職業団体の規制力が相対的に弱く，国が直接，法的に所管する職業を除けば，全国的なレベルでの職業別の労働市場が成立しなかった。その

表5－1　A高校の卒業時の進路状況（2010年3月現在）

進路（設置者別）	合格者数	大学名〈人数〉
国　　立	155	東京〈10〉，名古屋〈30〉，京都〈11〉，大阪〈5〉，他〈89〉
公　　立	21	名古屋市立〈5〉，他〈16〉
私　　立	286	早稲田〈12〉，慶応〈9〉，南山〈74〉，他〈191〉
就　　職	1	
累　　計	463	

出典：匿名取材のため非明示

ために，個々の従業員や職員の就職前の学力や学校ランクを潜在的能力，将来の能力可能性として評価する慣行が形成され，いわゆる「学歴主義」が重みを持つ。概して，大企業はより高い学歴（たての学歴），また同一学歴の場合，より高学力の学生が集まる高校や大学（よこの学歴）を評価する。

日本の多くの普通校は，おもに上記の国公立大学向けの全国共通テストと個別大学ごとの独自の試験の双方に照準を合わせた進路指導を行う。A高校の場合も多くの日本の普通校が行っているように，大学の学部と卒業後に就きうる職業との大まかな接続を想定し，生徒を2年次に文系，理系にクラス分けし，そのことを通じて仕事への移行を暗に心づもりさせる。

2-2　進路指導・総合的学習における進学指導

そのような進路指導を週1時間必修の「ホームルーム」のなかで，あるいは1999年以降は週1時間ないし2時間の「総合的学習」の時間を使ってまとまった指導を行う。「総合的学習」は国際的理解や情報，環境などのクロスカリキュラム的な課題についての学習とともに，生徒の進路に応じた課題学習，さらに生徒の進路そのものについての学習を含む。それ以外のさまざまな指導は，朝と夕刻の授業前後のクラスルーム（1クラス40人以内が標準）ごとに教師との対話の時間に行われる。図5-1に示される2008年度（筆者訪問調査時）の進路指導計画もそうである。いかに，多数の試験の連続，学習時間や生活の管理，受験校決定のための希望調査と面談などのプロセスが重視されているかわかる。

2-3　大学入試の職業希望の過熱と冷却

A高校は入学試験準備のための進路指導，実質的には進学指導以外に，特段，仕事への準備，キャリア準備の活動を組織していない。というより，直接的な仕事準備の教育はむしろ受験指導に有害であるとさえ考えている。筆者は，2008年秋にこの学校の仕事への移行・キャリア準備について教務担当と進路担当の複数の教員に対してインタビュー調査をしたことがある。その際，彼ら

2008年　4月7日
進路指導部

平成20年度　進路指導年間計画

〈目標〉
・進路及び学習指導に関わって，各学年に対して，その目的とするところが有効且つ円滑に実現するように情報や資料を提供すること等を中心として適切なサポートができるように努力する。
・学年及び関係諸機関，教員と綿密な連携をとり，進路指導の円滑な運営を図る。
・大学，短大，各種学校，他高校，及び教育関係機関との連携を深め，情報の収集に努力する。
・個人情報の保護に配慮しながら，適切に資料を整理する。

〈全体〉

月	進路指導にかかわる諸行事			土学	目開	月間計画
	1年	2年	3年			
4	オリエンテーション 自主学習のすすめ 学習時間調査 スタディーサポート	情報交換会 学習時間調査	情報交換会 実力試験① 調査①《進路希望》 進路ガイダンス 就職・公務員 希望者ガイダンス			・年間指導計画のまとめ ・年間課題の整理と担当割当て ・各種卒業生進路の調査，集計，報告 ・1年オリエンテーション ・進路ガイダンス資料の作成 ・「導」作成準備 　合格体験記，大学紹介執筆依頼 ・進路指導学習会資料作成 ・第1回進路指導委員会（予定）
		個人面談（生徒理解）		0	0	
5		駿台ハイレベル 生活実態調査 進路ガイダンス 進路希望調査①	進路指導学習会 全統マーク① 全統記述① 調査②《進路志望》			・進路の手引き「導」編集作業開始 ・求人動向調査 ・既卒生進学待機者指導用名簿作成
				0	4	
6	生活実態調査 学習時間調査	学習時間調査	駿台ハイレベル※ 小論文ガイダンス 合同保護者会・懇談会			・2009年度入試情報収集と対策 ・公務員採用試験についてのガイダンス ・就職求人活動開始 ・公務員志望者受付 ・指定校推薦関係書類到着開始 ・大学合否判定資料「棒グラフ」準備
		ようこそ先輩				
	実力養成試験①	実力養成試験①	実力試験②	3	3	
7	個人面談（1・2年生活学習状況　3年学習状況・志望校検討）					・進路の手引き「導」発行 ・大学合否判定資料「棒グラフ」 　検討，作成，配布 ・保護者会用資料作成 ・就職面接指導 ・3年推薦用調査書作成準備作業 ・大学入試センター試験説明会
	進研模試※	進研模試 進路検討会議	進路ガイダンス（講師） 進路検討会議（第1回）			
		保　護　者　会		0	2	
8		オープンキャンパス 夏期学力向上特別講義	全統マーク② 各種オープン模試※ 全統記述③ 実力試験③			・オープンキャンパス案内 ・就職関係の指導，校内選考会議 ・進路指導内規の検討・整備
	全統高一模試	全統高二模試		0	0	
9	進路希望調査① 個人面談（科目登録） スタディーサポート	進路希望調査② 合同保護者会兼懇談会	個人面談（志望絞込推薦検討） 指定校推薦会議 進研マーク※ 進路ガイダンス（出願指導） 調査③《進路志望》			・大学入試センター試験願書記入説明
				3	4	
10		進路ガイダンス 駿台ハイレベル※	進路検討会議（第2回） （兼指定校推薦会議） 進研記述※ 大学入試センター試験出願 公務員2次試験 国立・指定校推薦会議 全統記述② 実力試験④			・大学入試センター試験出願準備 ・大学入試センター試験出願状況調査 ・調査書，推薦書の作成 ・第2回進路指導委員会（予定） ・公務員試験，就職試験，面接試験 　聞き取り調査 ・推薦入試面接指導
	実力養成試験②	実力養成試験②		1	3	
11	進研模試 学習時間調査	進研模試 学習時間調査	全統マーク③ 各種オープン模試※ 代ゼミセンタープレ※ 調査④《出願》 個人面談（受験校決定） 推薦入試 国公立推薦会議			・指定校推薦辞退書類発送 ・科目選択登録用資料作成 ・就職試験受験報告書の作成
				2	5	

図5-1　A高校の年間進路指導計画

は，異口同音に「入学試験に備えること，生徒が今やるべき事をやることがキャリアへの準備である」と回答していた。このような考え方は，日本では，必ずしも有名大学への進学者を出さないような高校においてもごく普通のことである。

　日本のほとんどの普通高校生は，このように大学受験システムに過熱させられ，自らの希望大学・学部とその大学・学部を卒業した後の就職先（職業）との接続を楽観的に期待して，とりあえず移行への準備機関，あるいはモラトリアムとして大学に進学する（寺田，2004，p.15）。

　しかしながら，このような大学入学試験制度という移行の関門を前にして，中学生時代や高校1，2年生のころからの希望どおりに大学入学できる生徒は少数である。結果として，彼らの職業への移行に大きな捻れ（断絶）が生ずる。多くの高校生は，大学入学後に自分の希望職業や進路を変更する。

3．B工業高校における仕事への移行：就職指導と職業教育カリキュラム

　他方，職業教育を行う専門高校では，当然のこと，卒業後の職業活動に必要な教育訓練と直接的な就職指導（仲介）が行われる。

3－1　職業教育カリキュラムと仕事とのレリバンス

　1990年代初頭，「移行」アプローチが日本でも盛んになって（苅谷，1991）以降，しばしば職業教育と就職後の労働生活との関連（relevance）が問題にされてきた。最近では，「教育の職業的意義」という言い方でその「レリバンス」を問題にする議論（本田，2009）が脚光を浴びている。

　日本の職業教育，とくに，労働行政の小規模な技能訓練志向の職業訓練と異なり，文部科学行政所管のそれは，ナショナルな法的根拠にもとづく職業資格付与を前提としていない。その関係で，概して，職業教育カリキュラムは従事すべき職業の内容，もしくは職業のプロフィールとの関連は，一部の職業（自動車整備工，電気工事士，介護福祉士など）や学科を除けば，極めて緩やかである。そもそも，日本の成人の職業生活は職業生活というより「就業生活」（working life）というに相応しい。わが国では，成人労働者・職員は特定の仕事（職業=occupation, Beruf）に固定されず，正社員の場合でさえ，通常2年ないし3年おきの配置転換により，常に仕事の内容を変えることはよく知られている。したがって，職業教育も特定の職業（能力）に志向するよりも，より幅広い，一般的な職業能力，いわば職業基礎教育を志向する。1970年代の高校職業教育の拡張期のクライマックス以降，その傾向はいっそう強まった。カリキュラムは，職種という意味の職業よりも，むしろ科学技術の一定の分野や産業カテゴリーに対応している。

さらに，日本の職業教育は，筆者が名づけているように，職業教育カリキュラム面での「移行の架け橋」を欠いている（寺田，2004, p.41）。つまり，ドイツなど，他の諸外国の職業教育では極めて普通であるような企業実習を義務づけていないのである。それは，日本では，第二次世界大戦の前後を通して，上記のような意味の一般的で，ベーシックな職業教育を，後続の企業・企業内教育システムが企業独自の教育訓練を補完する構造を形成してきたからでもある。

B工業高校は，1944年に開校された，中部日本にある伝統的な工業高校である。機械学科1学年あたり2クラス，電子機械，電気，電子工学，建築，土木が各1クラスの計6学科7クラス（定員280人）が置かれている。

カリキュラムに関して，機械科の例でいうと，3年間の普通科目（日本語，数学，理科，社会科，英語など）の単位数合計は40単位（1単位は週1単位時間=50分で，35回を標準とする），他方，専門科目が39単位とされている。当校の場合，専門科目の割合はかなり高めであるが，一般にはそれは普通55対専門45くらいが平均的である。商業高校の場合は専門科目の比率はもっと低くなる。

そのほか，普通高校と同様，週1時間はホームルームにあてられる。専門科目39単位のうち，実習はすべて校内実習（11単位）であり，製図実習が6単位となっている。残りの，専門科目の約60パーセントが専門座学にあてられる。

3-2　インターンシップ（企業での就業体験）

　専門高校の専門科目の標準を規定している高等学校学習指導要領は，1999年以降，職業学科では「産業現場等における就業体験」を，また2009年版の新要領では，職業教育において配慮すべき事項として，「産業現場等における長期間の実習」を取り入れることを勧告している。前者は一般に「インターンシップ」と呼ばれ，後者はそれとともに2004年以降試行されてきた，ドイツのデュアルシステムをベンチマークした，「日本版デュアルシステム」と呼ばれるものを暗に示唆している。

　インターンシップは，日本では，中学校での2日から3日程度の見学的体験を含め，高校ではせいぜい3日間から1週間程度の短期のもの，しかも観察的，職業探索的な性格のものであり，それはドイツの前期中等段階や後期中等教育段階（ギムナジウム）での企業実習，いわゆる「臭い嗅ぎ実習（Schnupperpraktikum）」に近いものがほとんどである。それでも，公立高校では，普通科では50％余りの学校で，専門学科ではより多く70～90％の学科・学校で何らかの形で取り組んでいる。しかし，たいていは，夏期休暇中の自由意思によるプログラムであるため，全生徒数のなかでの体験率は26.4％となお低調である（国立教育政策研究所，2007）。

　他方，日本版デュアルシステムを実践している学校は，一部にデュアルシステム学科という専門学科をつくった学校や，K工業高校（週1回全日，単位数では2，3年生で，7単位程度企業実習）を含め，2004年以降，約20の地域・学校でこの実践が進められている。

　B工業高校は，インターンシップについてはより積極的であり，機械科，電子工学科，電子科の3クラス全員に対して，秋に3週間程度の企業就業体験を義務づけている。

　これらは，長期間にわたって形成されてきた日本の職業教育に対する改革アプローチ，つまり「移行の架け橋」の欠落を補う試みとして注目される。

3-3　就職指導・斡旋

　日本の高卒就職は極めて特徴的な，労働力配分的な，そしてある意味では計画経済的なシステムを通して行われてきた。すくなくとも，1946年に成立した職業安定法は，大学を含む「学校の長に，公共職業安定所の業務の一部を分担させることができ」（求人紹介，職業指導など，現行法第27条），あるいは学校の長は，職業安定所への届け出により「無料の職業紹介事業を行うことができる」（第33条2）。それ以来，職業安定所は，企業が求人活動を届け出た際に労働条件のチェックを行い，事後の採用結果の報告を求めること以外には特段の役割を果たさない。就職やリクルートは企業と生徒，といっても代理人たる学校との間の直接的な取引に委ねてきた。

　学校が主たる役割を果たす就職斡旋のプロセスは，以下に整理される（寺田, 2004, 第3章）。

---
① 毎年9月16日か，その日が休日の場合その前後の日に，沖縄県を除く，全国一斉の高校生の入社試験日とする（「全国一斉入社試験」）。
　それに向けて，
② 企業は当該の職業安定所で求人票（労働条件）の許可を受け，コンタクトがある高校（ときに県外を含む）に求人票を持ち込み，学校に生徒の推薦依頼をする。企業や県によっては，これまで受け入れ実績のある特定の学校にしか求人情報を知らせないことがしばしばである。
③ 学校は7月から8月の夏期休暇中に，生徒に求人情報を校内で生徒に公開し，彼らの希望を聴取する。生徒は1社だけ希望を出すことができる（「一人一社制」）。
④ 生徒の希望状況を踏まえて，学校が誰をどの企業に推薦するかのマッチングを行う。特定企業に生徒希望が集中する場合の選考基準は，高校入学後2年半の間の学業成績，課外活動，学校出席の状況などを点数化し，その点数にしたがって，推薦順位を決定する（「学校推薦」）。
⑤ 結果として，企業は学校の推薦をできるだけ尊重し，推薦された生徒を採用する。ときに毎年連続的に採用する企業も多い（「実績企業」）。

　B工業高校の2007年度卒業者（224名）の進路状況をみると，大学・専門学校等の進学者が21％（47人）に対して，76％（170人）が就職者である。世界的自動車メーカーに12名，自動車関連機械メーカーA社に9名，同B社に8名，同C社に4名，電力会社に5名をはじめ，多くが著名な大企業に就職をする。

就職できなかった一部の者は専門学校等に進路を変更するので，学卒無業者は皆無である。

このような状況は，近年の日本ではめずらしく，他の多くの県の専門高校では，卒業段階で就職もできず，正規職員ポストに就職できない生徒が増大しつつある。全国平均では，学卒無業者は約5％（2009年3月で約5万4000人）であり，圧倒的に普通高卒者（約4万1600人）が占めている。

4．「進路多様普通校」における仕事への移行：C高校

以上の進学普通校と専門高校の中間に位置するのが進路多様普通校である。日本の普通高校のほとんどが実はこの種の学校といって間違いではない。

4−1　進路多様普通校の進路状況と職業教育

表5−3が示すように，2010年3月卒業時の全国レベルでの普通科卒業者の大学・短大進学率は63.1％であり，専門学校進学が14.2％（高卒資格を求めない専門学校を含めれば約22％），就職者が7.5％である。この県立のC高校（進路多様普通校）では2008年3月卒業者で，専門学校進学が21.5％と全国平均に近いが，就職者が24.9％と全国平均の2倍から3倍の水準になっている。加えて，進学もせず，正規職員としての就職ができなかった「その他」，つまり，近年問題になっているいわゆる「フリーター」もしくは「NEET」の者が13％にも及んでいる（表5−4）。

にもかかわらず，基本的には学校も生徒も親も大学進学志向であり，就職指導や職業教育は二次的な位置づけになる。文部科学省によるごく最近の全国的調査では，65％の普通高校で，生徒が家庭もしくは商業系の職業科目を1科目ないし2科目程度選択できるようにしていると報告されている。しかし，これらは生徒の数％によってしか受講されておらず，また，多くの場合，地方の職業関係学科と普通科が併設されている高校で普通科生徒にも職業科目が一部開放されている場合の話である。

C高校の場合，1年入学時からすでに文系と理系の進学コースに分けられ，

表5－3　2010年3月卒業時の高校の学科別・進路別生徒数・学校数（全国）

学科	計	大学等進学者(A)	専修学校(専門課程)進学者(B)	専修学校(一般課程)等入学者(C)	公共職業能力開発施設等入学者(D)	就職者	一時的な仕事に就いた者	左記以外の者	不詳・死亡の者	大学等進学率(％)	専修学校(専門課程)進学率(％)	就職率(％)
計	1,069,129	580,578	170,182	67,876	7,689	167,370	15,553	59,582	299	54.3	15.9	15.8
普通	777,326	490,329	110,041	59,696	3,628	57,454	10,278	45,661	239	63.1	14.2	7.5
農業	27,521	4,295	6,901	560	689	13,079	650	1,342	5	15.6	25.1	47.9
工業	84,430	15,858	13,263	1,281	2,162	48,154	951	2,745	16	18.8	15.7	57.1
商業	71,965	20,553	18,182	1,409	423	26,462	1,733	3,188	15	28.6	25.3	37.1
水産	2,893	505	387	53	74	1,696	57	121	－	17.5	13.4	58.6
家庭	14,305	3,695	3,901	406	36	4,944	425	892	6	25.8	27.3	35
看護	4,222	3,449	444	49	－	171	34	75	－	81.7	10.5	5.6
情報	645	289	173	9	7	131	5	31	－	44.8	26.8	20.5
福祉	3,071	553	706	102	12	1,468	67	163	－	18	23	48.8
その他	33,361	22,776	3,476	2,698	99	1,765	173	2,366	8	68.3	10.4	5.3
総合	49,390	18,276	12,708	1,613	559	12,046	1,180	2,998	10	37	25.7	24.7

出典：文部科学省，2010（一部省略）

表5－4　C普通高校の進路状況（2008年3月）

進路	国立大学	私立大学	短期大学等	専門学校	就職	他	計
生徒数	0	47	25	38	44	23	177
％	0	26.6	14.1	21.5	24.9	13.0	100.0

出典：C高校内資料

さらに3年次から文系は国公立（入学者実績がないにもかかわらず）と私学・専門学校進学コースに細分化される。約半数に近い就職者と「その他」非進学・非就職者が選択できる職業科目は文系2年次での2つの商業科目（週2時間の文書デザインと週3時間商業技術）だけである。

4－2　HRおよび総合的学習におけるキャリア教育・キャリアガイダンス

　日本は新規学卒採用システムや終身雇用を成人の職業人生におけるメインストリームとしてきた社会であるにもかかわらず，1990年代以降，周知のように，学卒無業者，就職後の早期離職者の増大（"7・5・3"現象，つまり就職後3年以内に中卒者の70％，高卒者50％，大卒者の30％が離職・転職する現象），さらにフリーターやNEETの増大が顕著になってきた。しかも，高校就職者のなかでは，普通科出身者の学卒無業や早期離職が目立ってきている（第2章参照）。
　こういう状況もあり，文部科学省や経済諸団体は，近年，小学校から大学に

至るまでの全学校段階での職業教育や職業準備教育の強化を目指している。とくに1999年以降アメリカのキャリア教育という概念が導入され，義務教育段階や普通高校，大学などでも職業への準備を強化している。

それは，インターンシップと呼ばれる，ごく身近な企業での就業体験や，ホームルームや総合的な学習の時間（各週1時間程度）のなかでのキャリアガイダンス，キャリアプラニング（デザイン）などが主たるものである。これらキャリア教育の導入以降，これまで，文部科学省（筆者もその委員であったが）は，キャリア教育を「端的には勤労観・職業観を育成する教育」として職業教育（職業の知識や技能の訓練）とは区別し，一般的な職業選択のための啓発的経験に特化させてきた。これまで以上に，人間関係形成・社会形成能力，自己理解・自己管理能力，課題対応能力，キャリアプラニング能力など，社会人・職業人として必要な基礎力（キーコンピテンシー）が重視され，その観点からも教育課程の改善が期待されている。

4-3　C高校のキャリア教育

当然というべきなのか，職業科目の履修可能性がわずかしか存在しないC普通高校では，その代わりに，キャリア教育が推進されている。校内には，インターンシップとキャリア教育の委員会が組織され，学校をあげて取り組みを進めている。キャリア教育は「社会の一員として生きていくために必要な知識，モラル，マナーを備えた生徒，将来について前向きに考え，目標をもって努力できる生徒」の育成を目標にして，おもに教育課程における活動と課程外の活動とから組織される。

教育課程におけるキャリア教育は，進学普通校とまったく同様に，おもに週1時間の「ホームルーム活動」の時間と，同じく週1時間の「総合的学習の時間」のなかで行われる。その内容は進学や就職のガイダンス，面接試験訓練，外部職業人の講話，保育園や病院での保育・看護見学（一部の希望生徒のみ），大学入試での小論文（短い作文）指導などである。

他方，インターンシップでは，2008年度の場合，生徒は7月1日から3日

までの3日間，2年生の希望者40人が保育園，介護施設，小売業，製造業，スポーツ施設など23の事業所で手伝い的仕事を経験した。希望事業所の事前調査，マッチングをへて，生徒は事業所に出かけ，現場での業務の説明学習を体験する。その間，教員は各事業所を巡視する。終了後，事業所から学校に評価報告が送られ，また生徒による報告書の提出などが求められる。

　卒業後の進路や職業選択に対する影響について，生徒は概して肯定的に自己評価している。だが，近年のキャリア教育は，インターンシップなど教育課程上，すべての生徒に義務づけられておらず，地域の比較的小規模の協力的な事業所を除き，産業界全体が社会的責務として実習生を受け入れるシステム・慣行を持たないため，学校教師の負担感が強い。

5．高等教育志向と職業準備的キャリア教育

　以上の分析を総括し，日本の高校生の「移行」への解決アプローチを述べると，高校教育から高等教育への移行後の職業生活との接続可能性の問題が焦点であることがわかる。歴史的傾向として，少子化社会の進行のなかで，高卒から直接職業生活に移行する者の割合は低下しつづけ，大卒者が，工学系の場合は大学院修士課程修了者が仕事の世界への移行におけるメジャーな存在となっている。すでに大卒就職者数は高卒就職者数の2倍以上になっている。さらに，各職業教育の学科別にみても，その卒業者は，大学や専門学校を含め，その後の継続的教育に進む者が40〜60％の範囲にわたる（看護系はほとんど）。

　このような段階において，職業教育の高等教育化，職業教育の上方展開が課題になる。専門高校からの大学入学は多くの場合，正規の試験によらない，私立大学への別枠推薦入学が目立ち，しかも入学先の大学は職業教育機関ではない。他方，高卒後の専門学校はポストセカンダリーの学校であっても，高等教育機関としての位置づけを得ていない。普通科，専門学科双方の卒業者が高等教育進学後も職業生活への接続が可能なような高等教育機関の整備，ドイツの専門大学やアメリカのコミュニティカレッジのような制度への発展が展望されよう。

参考文献
樋田大二郎他（2000）『高校生文化と進路形成の変容』学事出版.
廣井甫（1976）「職業観の意味ならびに発達形成について』職業指導協会.
本田由紀（2009）『教育の職業的意義―若者，学校，社会をつなぐ』筑摩書房.
Hori, Y. (2009) Change in the Transition from High School to Work; Focus on High School Career Guidance, JILTP, *Japan Labor Review*, Vol. 6, No. 1.
苅谷剛（1991）「学校―職業―選抜の社会学」『高卒就職の日本的メカニズム』東京大学出版会.
国立教育政策研究所（2007）「平成19年度　職場体験・インターンシップ実施状況の調査」.
小杉礼子他（1998）「新規高卒労働事情の変化と職業への支援」『リーディングス日本の労働7　教育と能力開発』日本労働研究機構.
宮内博（1986）「青年期のキャリア意識の発達プロセスの実証的研究」『進路指導研究』第7号，日本進路指導学会.
文部科学省「学校基本調査」2010，表225, http://www.e-stat.go.jp/SG1/estat/List.do?bid=000001028870&cycode=0.
日本労働政策研究・研修機構（2008）「『日本的高卒就職システム』の変容と模索」『労働政策研究報告』第97号.
野淵龍雄（1998）「職業観形成に関する一考察―学校進路指導の改善に向けて」『椙山学園大学研究論集』第29号.
OECD (2000) *From Initial Education to Working Life; Making Transitions Work*, Paris, OECD Publications.
尾嶋史章（2001）『現代高校生の計量社会学』ミネルヴァ書房.
佐々木享（1975）『高校教育論』大月書店.
Shimizu, K. & Schulenberg, H. et al. (1990) A Comparison between American and Japanese Students' Work Values, *Journal of Vocational Behavior*, 36.
鈴木規夫他（1993）「因果関係モデルによる高校生の進路意識の分析」『教育心理学研究』第41巻第3号.
竹内常一他（2002）『揺らぐ「学校から仕事へ」―労働市場の変容と10代』青木書店.
寺田盛紀（1998）「高校職業教育とその専門性」新海英行他『現代の高校教育改革―日本と諸外国』大学教育出版.
寺田盛紀（2004）「高校職業教育と職業・就業の関連構造」寺田盛紀編集『キャリア形成・就職メカニズムの国際比較』晃洋書房.
寺田盛紀（2009）『日本の職業教育―比較と移行の視点に基づく職業教育学』晃洋書房.
矢島正見・耳塚寛明（2001）『変わる若者と職業世界―トランジッションの社会学』学文社.

第6章

高校生・大学生の職業選択の現実

本章では，下記のアンケート調査およびインタビュー調査から，高校生や大学生の職業選択やそのプロセスの実態を探る。データは，以下の調査にもとづいている（寺田，2004／2009参照）。

> A調査：全国の普通科，工業科，商業科，総合学科を設置する16校の2年生2009人（回答は1874人）に対する「高校生の進路・キャリア選択」に関するアンケート調査（2003年2月から3月の間に実施）。
> B調査：国立N大学学生100名（調査者の講義出席者）に対する「大学1年次生の進路・職業選択の過去・現在」に関するアンケート調査（2003年1月に実施）。
> C調査：医学部3回生と非教員養成系教育学部4回生，各5名に対する「職業希望の過去・現在」に関するインタビュー調査（一部記入式，2003年）。
> D調査：全国の普通科，工業科，商業科，総合学科設置の高校の2年生に対する「職業観に関するアンケート」（留め置き・回収法により，2242人分回収）2005年10月から2006年3月の間に実施。
> E調査：日本，韓国，中国，インドネシアの4カ国13高校の1402人に対する「高校生の職業観形成に関する国際比較アンケート調査」（2008年）。

1．高校入試・大学入試を媒介にした進路・希望職業の変化

1-1　受験教育・大学入試の進路選択機能：医学部生と非教員養成系教育学部生の比較

普通高校生の進路選択と大学への移行（入学）過程をより具体的に表象するために，まずC調査にもとづき，高校生の進路決定メカニズムを探ってみる。ここでは，各3名の回答を抽出する。

A君（現在医師）：出身高校は私立の進学有名校であり，県立高校以上にコース分けが厳しかった。1年生の3学期に，文系・理系の（理科か社会の受験科目が複数必要）科目選択，A（上位校）群・B（下位校）群のコース分けクラス編成）がなされる。2年生からのコース別の授業に備えるためである。2年生の3学期に，3年生のクラス編成のためにもう一度，文・理の選択調査が行われる。これで，彼らはほぼ最終的にどちらの系統の学部を受けるかを決定する。彼は希望大学への入学が叶わず，2年間の浪人ののち，センター試験の成績をみて，望みを一段下げて現在の医学部に入学した。「医学部ならどこでもよかった」という。
　Bさん（現在医師）：出身高校は国立大学附属高校であり，1回目の進路選択調査は1年3学期に，2年以降の社会（文系の場合複数）・理科（理系の場合複数）の授業履修のために行われる。A君の学校とほぼ同じようなコース分けである。さらに，3年生からはA君の学校のような「上位校」「下位校」という分け方でなく，「私学系」と「国公立系」に分かれたコース別授業を受けたという。彼女は，1年間の浪人ののち，第1志望校であった医学部に入学した。
　Cさん（現在医師）：出身高校は一般的な公立進学校であり，A君，Bさんの学校のように進路別─コース別の指導をする。1年生の10月ごろには，2年生での文系・理系別の科目選択調査が行われる。この段階では，Cさんは国立大学トップレベルの医学部志望であった。ついで，2年生の10月には，3年生での文系・理系のコース別クラス編成の選択をする。彼女は，この段階でも1年生のときと同じ大学を志望している。3年生の1月のときのセンター試験の結果が振るわず，ワンランク下げて，希望している大学とは別の大学医学部を受験したが，失敗する。その結果，翌年予備校に通い，第1希望である医学部に合格した。

　Dさん（現在情報通信関係大手企業勤務）：通っていた高校は県立高校である。彼女の高校では，2年生の2学期に国公立・私学，文系・理系の選択のための調査がなされ，3年生にはそのようなクラス別授業が行われた。彼女は浪人歴はないが，センター試験の結果，第1希望の国立大学の人文教養系学部をあきらめ，別の国立大学の教育学部に合格し，入学した。
　Eさん（現在食品系大手企業勤務）：出身高校は県立進学校であり，他の一般的普通科と同様，2年生から文系2科目か，理系2科目の選択をさせた。もちろん，3年生から，文系・現系のクラス別授業になる。
　Fさん（現在税理士）：出身高校は県立のトップクラスの進学校で，Dさん，Eさんの学校と科目選択やコース編成の時期に変わりはない。

　このように，日本の高校生は多かれ少なかれ，受験志向の高校教育の体制のなかで，自ずと文系，理系，医系などと大まかな将来の職業分野のトラックを

走ることになる。

1-2 希望職業における学科特性：大学入学試験の職業配分・選択機能

では，普通科生に限らず，高校生全体でみると，どのような職業選択がなされているのであろうか。

教育社会学のアプローチに目立つことであるが，この分野の多くの研究者は生徒の進路選択・職業選択を，学校の職業的な階層再生産機能，別のいい方をすればスクール・メリトクラシー（学歴や学校ランクの機能）や，それを媒介にした家庭（父親）の職業・学歴効果の（パスモデル）の面から説明してきた．(Halsey, 1977／訳書，1980)，前者に関して，学校の職業配分や生徒の職業選択における「トラッキングの弛緩」が指摘される一方，上位校でのその強化の傾向が指摘されたりする（樋田他，2000,「おわりに」）。

表6-1は，A調査（全国16の高校2年生，普通科996人，他は工業科，商業科，総合学科の生徒878人に対するアンケート調査）の結果（寺田，2004, p.16・23）の1つであり，中学校入学時と高校2年生終了時点の職業希望の変化を示している。工業科生はあまり変化せず，機械・電気技術者や情報処理技術者を，商業科生は高校入学後，一般事務や会計職を，総合学科生は高校進学後，多様な職業に希望が分散する傾向にある。これに対して，普通科生は工業科生とはある意味ですみ分け，医師，教員などの専門的職業に集中する傾向がある。これらから，所属学科と職業希望との間にかなりのレリバンスがあることが確認される。

1-3 受験大学・学部（専門）と将来の職業との主観的関連づけ

生徒は将来の職業への見通しや知識・経験をそれほど持ち合わせていないなかで，自らの進学先・受験校を決定する。そうではあるけれども，彼らは日本における大学教育と雇用市場との緩やかな（あるいは弱い）関連を知らないまま，むしろ両者の緊密なつながりを期待して受験大学・学部と希望職業を徐々に絞り込んでいく。

この傾向は，筆者が2003年1月に行ったB調査（N大学1年生，ちょうど

表6-1　中学校2年と高校2年終了時点の希望職業の変化

	順位	中学校入学当時			高校2年終了時点		
		全体	男子	女子	全体	男子	女子
普通科	1	教員	未決定	医師等	教員	機械・電気技術者	医師等
		12.0%	12.9%	15.1%	10.2%	12.4%	10.5%
	2	医師等	教員	教員	医師等	教員	教員
		11.0%	11.6%	12.3%	7.1%	9.8%	10.5%
	3	未決定	機械・電気技術者	看護師等	機械・電気技術者	医師等	カウンセラー等
		10.4%	9.2%	9.1%	6.6%	6.4%	9.6%
工業科	1	機械・電気技術者	機械・電気技術者	美術家,写真家等	機械・電気技術者	機械・電気技術者	機械・電気技術者
		18.4%	18.8%	18.8%	24.9%	25.3%	20.0%
	2	未決定	未決定	その他多数に分散	情報処理技術者	情報処理技術者	その他技術者
		11.5%	11.5%		4.9%	5.1%	13.3%
	3	情報処理技術者	情報処理技術者		一般機械器具組立・修理作業者	一般機械器具組立・修理作業者	文芸家,記者
		7.2%	7.6%		3.9%	4.1%	13.3%
商業科	1	未決定	未決定	保育士等	一般事務従事者	その他の技術者	カウンセラー等
		10.6%	14.5%	10.6%	16.1%	11.1%	18.8%
	2	美術家,写真家等	その他技術者	美術家,写真家等	会計事務従事者	会計事務従事者	会計事務従事者
		9.1%	7.3%	10.6%	9.0%	11.1%	8.6%
	3	保育士等	飲食物調理従事者	未決定	カウンセラー等	その他多数に分散	保育士等
		8.8%	7.3%	9.1%	6.4%		6.2%
総合学科	1	美術家,写真家等	未決定	美術家,写真家等	美術家,写真家等	機械・電気技術者	カウンセラー等
		12.9%	11.5%	15.5%	5.9%	7.9%	9.6%
	2	教員	機械・電気技術者	カウンセラー等	カウンセラー等	情報処理技術者	情報処理技術者
		5.4%	8.2%	6.9%	5.9%	6.3%	7.9%
	3	生活衛生サービス職業従事者	情報処理技術者	生活衛生サービス職業従事者	商品販売従事者	営業・販売事務従事者	美術家,写真家等
		5.4%	8.2%	6.9%	5.9%	6.3%	7.0%

出典：寺田,2004,p.16

100名に対するアンケート調査，寺田2004, pp.16-18, 23）でも同様である。「進学を希望する専門分野（学部）を決めたとき，以下の理由をどの程度重視しましたか」という質問（4件法）に対して，「とても重視した」と回答した率は，「その学部に対応した職業に就きたかった」という質問の場合，48％と圧倒的に高い。

ところが，大学への移行過程，大学入試で大きな「ねじれ」（断層）が生ずる。表6－2は上記のN大学生に対する調査によるものである。N大学生の場合，すべて普通科出身者であるが，高校入学時の希望職業と大学入学後ほぼ1年を経過し

表6－2　高校入学時と比べた大学生の希望職業の変化

	高校入学時	大学1年当時
事務・販売従事者	2	7
技術者	1	2
国家公務員	8	9
地方公務員	3	9
教師	7	7
学者（大学教員）	5	6
医師	12	5
弁護士	4	4
会計士・税理士	0	0
政治家	1	1
生産工程・労務作業者	0	0
製造業自営	1	0
商業・サービス業自営	0	0
カウンセラー	9	22
NGO/NPO	1	1
未決定	24	10
アルバイト（フリーター）	0	0
その他	18	9

（N＝100，単位％）

出典：寺田，2004, p.17

た時点のそれとの比較でみると，教師や公務員志向に変わりはないが，医師が半分以下に減り，その反対にカウンセラーと民間企業の事務・販売従事者が激増していることなどが目立っている。医師希望者が減ったのは，若干の学生が大学入学（試験）前に医学部入学をあきらめたことによるものであり，逆にカウンセラーが倍増しているのは，回答者のちょうど半数の50人が教育学部に所属・入学した者であるためである。これらの回答者は，いずれも普通科の成

績上位校からの入学者である。成績上位校の生徒の職業選択・進路意識が学校のランキング機能により，安定的であると考えるなら，それは幻想に近いことを教えている。

1-4　C調査にみられた大学生の職業希望遍歴：揺れる文系学生

さらに，先の個人レベルの職業希望遍歴と高校入試や大学入試の関連をC調査から検証する。

① A君は，中学3年で最初に職業希望が芽生え，そのときは「官僚」になりたかったという。高校入学時は「脳研究者」，大学に入ってからは「行政官か研究者」，そして調査当時「行政官か臨床医」であった。その後若干の紆余曲折を経つつも，現在は医師として働く。

② Bさんの職業希望の変遷を示すと，次のとおりである。最初に職業希望が芽生たのは中学3年のとき（つまり高校受験の前）で，そのときは少し教師（化学）になりたかったという。しかし，まだ「迷っていて，はっきりしていなかった」という。「化学の授業で硫酸が怖いと思ったときに考え直した」という。高校入学後は「しんどい人を少しでも楽にする職業をと考えたときに医師に辿りついた」という。調査当時は，医者に限らず医療系の仕事に就きたい」という。彼女も現職は医師である。

③ Cさんの最初に芽生えた希望職業は，獣医であった。愛犬を「弟と思って」飼っていたこと，家族が小鳥も飼育していて，動物好きであったためである。中学に入ってから，調査時点まで一貫して医者になりたいという。高校時代ではっきりと医者になりたいと思った主な理由は，人間の脳の仕組みに興味を持ったことである。

④ Dさん（教育学部4回生）の希望職業の芽生えは早く，すでに小学校のときに看護師になりたかったという。中学入学時は保育士に，高校入学時は通訳になりたかったが，迷っていて，はっきりしていなかったともいう。大学入学時は塾講師に，その後人材開発関係のコンサルタントになりたいと思い，調査当時は情報通信関係の営業職に就職が決まっていた。卒業後約10年が経過するが，現在も同じ企業に勤めており，近く結婚の予定である。

⑤ 当時，教育学部4年生のEさんは，何事にも意欲旺盛な学生であった。しかし，興味が多すぎて迷うことも多かったという。最初の職業への芽生え（彼女は「憧れですね」と言っていた）はDさんと同様，小学校の4年生のときであり，キャビンアテンダントになりたいと思ったという。その後，中学入学時には国際公務員（関連職員），高校入学時も同じで，大学入学後は，現在の所属学部

> が第1志望（国立大学法学部）ではなかったため，「迷っていてはっきりしなかった」という。調査時点で，有名民間企業の事務職への就職が決まっていたが，結婚後も勤続中である。
> ⑥　Fさんも当時教育学部4年生で，職業への憧れの芽生えが早く，小学校2年生のときには「ピアノ教師」になりたいと思ったという。中学入学時は絵本の翻訳家，高校と大学への入学時はスクールカウンセラーに「ひじょうに強くなりたいと思っていた」が，願い叶って大学入学した後はカウンセラーよりも「カウンセリングを必要とする人たちが出てこないような環境づくりに携わってみたい」と思うようになった。そこで，知的障害者支援の活動に精を出す。学生生活のなかで彼女が希望したこの分野は，職業市場が狭く，彼女は民間企業の事務織に挑戦することにした。メーカー系の人事や会計部門で6年間ほど勤め，一念発起して税理士を目指して大学院などに社会人入学，見事国家試験に合格し，現在税理士事務所で働いている。

　このように，日本では，大学入学試験のメカニズムと高校での進学指導システムが生徒の職業希望を過熱させたり，冷却させたりする。しかし，入試の社会学的メカニズムそれ自身が，生徒の希望職業の選択や職業観の形成を直接に支援するわけではない。事柄は，極めて心理学的，あるいは教育学的な問題であるといえよう。

2．高校生の進路・職業選択の4カ国比較

　そこで，本節では，職業観形成という個々の国・地域の労働市場などの職業文化，宗教・政治文化，学校制度や入学試験制度，教科構成など，教育文化との関わりの深い問題に対して，比較教育文化論的視点から，さしあたり高校生の職業観形成の様態と教育活動の作用に関して検討する。

2−1　E調査の対象と調査内容

(1) 調査対象

　調査対象とする国，国別の学校・学科等を示すと以下の表6−3のとおりである（番号は学校コード）。

(2) 調査内容

　アンケート調査の内容は，①アルバイト・ボランティア歴，②現在の希望進

表 6 - 3　調査の概要

国	学校コード	地域・学校	学科	特性	回答者数（％）男	回答者数（％）女
日本	811	A県A高校	普通	進学	49 (49.0)	51 (51.0)
	812	同上のB高校	普通	多様	50 (45.5)	60 (54.5)
	813	B県C高校	普通	多様	18 (27.3)	48 (72.7)
	814	C県D工業高校	工業		116 (98.3)	2 (1.7)
韓国	821	忠清南道・大田市内の普通高校	普通	進学	60 (50.0)	60 (50.0)
	822	同上の工業高校	工業		116 (100.0)	0 (0.0)
	823	同上のビジネス系高校	ビジネス		0 (0.0)	102 (100.0)
インドネシア	621	中部ジャワ州プルヴォレジョ市の普通高校	普通	進学	48 (41.0)	69 (59.0)
	622	同上の工業系職業高校	工業		—	—
	624	中部ジャワ州スマラン市の職業高校	工業		67 (80.7)	16 (19.3)
中国	861	上海市普通高校	普通	進学	53 (50.5)	52 (49.5)
	862	同上の普通高校	普通	進学	60 (46.9)	68 (53.1)
	863	同上の情報技術系高校	工業		59 (55.7)	47 (44.3)
	864	同上の工業技術系高校	ビジネス		52 (39.7)	79 (60.3)

出典：寺田, 2009, pp.2-4 を総括

路・職業，③過去の希望職業の生成と影響要因，④人生における職業の位置づけ，⑤職業観を構成する 22 の尺度に対応する枝問など，合計 20 問，86 項目である。ここでは，前節のように，進路・職業の選択の実相に焦点化するため，①，②，③に関する結果のみ分析する。④と⑤の問題は，次章に譲る。

2－2　生徒の進路・職業希望の比較
(1) 回答内訳と傾向

E調査で実施したアンケートの関連質問項目の中心的部分を章末資料に示すので，参照されたい。

調査は，各校 3（12）年次の 3～4 の HR や授業のクラスを任意にピックアップし，合計 100 名程度回収できるような委託集合調査（日本の813校のみ選択科目クラス集合調査）にした関係で，回収率はとくに記さない（表 6－3）。

インドネシアの工業高校（624校），日本の工業高校（814校）に男子生徒が集中しているが，この両国は工業を男子校，商業を女子校とする傾向を垣間見ることができる。他方，韓国の普通校で男女同数，工業が全部男子，ビジネスが全部女子となっているのは，同国では前記両国よりもっと因習的というべき

か，いまだに男女別学であることを意味している。

以下，質問項目のなかで，目立った回答傾向について摘記する。

(2) アルバイト経験とその進路決定効果

アルバイト経験は，全体として多いわけではない（37.8％）。表6－4に示すように，日本の普通多様校（813校），工業高校（814校），韓国工業高校（822校），同ビジネス（823校）が突出して高い。経験者について，国別集計をすると「プラスになった」が日本で78.2％，中国では61.7％であるのに対して，韓国では「マイナスになった」（43.3％），「どちらとも言えない」（39.5％）が目立つ。

(3) 進路決断状況

この時点での学校別の卒業後の進路決断（表6－4）についてみると，約10％の未定者があるものの，概ね進路決断がなされている。特徴的なことは，日本やインドネシアが普通科は進学，職業科は就職という傾向をみせるのに対して，韓国では突出して職業校2校で75％前後と，また中国のビジネス（864）でも半数以上が卒業後進学を希望していることが注目される（$\chi^2=561.522$, df＝24, p<.001）。

これらの背景には，韓国，中国では高卒就職市場が決して好ましいものでは

表6－4　学校別のアルバイト経験・進路決断状況・希望職業の有無

国	学校コード	地域・学校	アルバイト経験(％)［Q1－7］		進路決断状況［Q1－10］			職業希望［Q2－1］		
			有	無	進学	就職	未定	有	無	迷っている
日本	811	A県A高校	3 (3.1)	94(96.9)	98(98.0)	1 (1.0)	1 (1.0)	48(48.5)	19(19.2)	32(32.3)
	812	同上のB高校	67(63.8)	38(36.2)	69(62.7)	39(35.5)	2 (1.8)	75(68.2)	14(12.7)	21(19.1)
	813	B県C高校	54(80.6)	13(19.4)	34(50.7)	23(34.3)	10(14.9)	41(61.2)	8 (11.9)	18(26.9)
	814	C県D工業高校	76(66.7)	38(33.3)	25(21.4)	88(75.2)	4 (3.4)	85(72.0)	20(16.9)	13(11.0)
韓国	821	忠清南道・大田市内の普通高校	24(20.3)	94(79.7)	113(96.7)	4 (3.3)	3 (2.5)	91(75.8)	6 (5.0)	23(19.2)
	822	同上の工業高校	63(55.3)	51(44.7)	88(75.9)	18(15.5)	10(8.6)	67(57.8)	10(8.6)	39(33.6)
	823	同上のビジネス系高校	66(65.3)	35(34.7)	76(74.5)	19(18.6)	7 (6.9)	66(64.7)	6 (5.9)	30(29.4)
インドネシア	621	プルヴォレジョ市の普通高校	22(19.6)	90(80.4)	96(80.7)	9 (7.6)	14(11.8)	94(79.0)	4 (3.4)	21(17.6)
	624	スマラン市の職業高校	23(28.4)	58(71.6)	19(22.6)	59(70.2)	6 (7.1)	71(84.5)	3 (3.6)	10(11.9)
中国	861	上海市普通高校	5 (5.1)	93(94.9)	89(84.8)	5 (4.8)	11(10.5)	50(47.6)	27(25.7)	28(26.7)
	862	同上の普通高校	29(22.8)	98(77.2)	120(100.0)	0 (0.0)	8 (6.3)	52(40.6)	43(33.6)	33(25.8)
	863	同上の情報技術系高校	34(34.3)	65(65.7)	35(33.0)	42(39.6)	29(27.4)	35(32.7)	33(30.8)	39(36.4)
	864	同上の工業技術系高校	47(37.6)	78(62.4)	72(54.1)	30(22.6)	31(23.3)	40(30.1)	41(30.8)	52(39.1)

出典：表6－3と同じ

表6-5　国別の希望職業なしと身近な経験なしのクロス

国	身近経験（%）[Q2-2-3]	
	非選択	選択
日　本	125　(89.3)	15　(10.7)
韓　国	75　(70.1)	32　(29.9)
インドネシア	29　(100.0)	0　(0.0)
中　国	198　(68.5)	91　(31.5)
合　計	427　(75.6)	138　(24.4)

出典：表6-3と同じ，p.6

表6-6　国別の希望職業なしと自己適性未理解のクロス

国	適性理解（%）[Q2-2-4]	
	非選択	選択
日　本	63　(45.0)	77　(55.0)
韓　国	25　(23.4)	82　(76.6)
インドネシア	19　(65.5)	10　(34.5)
中　国	144　(49.8)	145　(50.2)
合　計	251　(44.4)	314　(55.6)

注：$\chi^2 = 27.883$, df = 3, p<.001。
出典：表6-3と同じ，p.6

ないこと，それと裏腹に大学進学率向上が著しく，職業系・専門系の大学（高等教育機関）が整備されているためである。

(4) 希望職業

① 希望職業の有無

表6-4で，学校別の希望職業の有無の状況をみると，当然というべきか，進学・就職の決断よりも，希望職業未決定が目立つ。日本の普通進学（811校），中国のすべての高校でいまだ希望職業を持てていない生徒が半数を超える。中国の労働市場の不安定さを割り引くとすれば，日本の普通進学校の先送り傾向は，やや異常かもしれない。とくにインドネシアの希望職業「なし」の度数が少ないので，やや微妙ではあるが，学校別のこれらの傾向には1%水準で有意である（$\chi^2 = 216.575$, df = 24, p<.001）。

② 希望職業がない理由

希望職業が「無い」「迷っている」約40%の回答者にその理由を選択式（「その他」を含めて10項目につき2つまで選択可）で聞いてみた。どの項目も，どの国も，項目選択の割合がかなり低かった。そのなかで，比較的選択が多かったのが「仕事や職業を身近に知ることができないから」（表6-5）である。とくに韓国と中国でそうである。また「自分がどんな仕事や職業に向いているか，わからないから」（表6-6）が日本，韓国に多い。

表6-7 過去・現在の希望職業記述の内訳

[Q2-4, 2-5]	日普(811)	日工(814)	韓普(821)	韓工(822)	中普(861)	中商工(864)
回答者総数	101	118	120	116	105	133
無記入者	19	61	0	2	69	11
過去希望のみ	25	10	17	7	5	21
17歳・高3まで希望（％）	57 (56.4)	47 (39.8)	103 (85.8)	97 (83.6)	31 (29.5)	100 (75.2)
継続かつ複数希望（％）	17 (16.8)	4 (3.4)	17 (14.2)	5 (4.3)	2 (1.9)	2 (1.5)

注：韓国普通：過去のみの者は，ほぼ16歳まで持続。韓国工業：ほぼ現在1職種に収斂されている（迷いが少ない）。
出典：表6-3と同じ，p.7

表6-8 現在の希望職業

日普（811）	日工（814）	韓普（821）	韓工（822）	中普（861）	中商工（864）
学者 11	技能技術士 7	教師 19	会社員 6	医師 3	美体等教師 14
教師 10	プログラマー 6	学者研究者 9	教師 6	弁護士 3	デザイナー 9
医師 5	整備士 5	公務員 8	技術者 4	ビジネスマン 3	ビジネスマン 8
建築設計 5	電気技術者 4	デザイナー 7	公務員 4	ビジネスマン 3	心理療法士 4
技術者 5	エンジニア 4	ゲームコンピュータ 5	エンジニア研究 4	教師 2	医師獣医 4
薬剤師 4	美容師 3	企業家 5	電気技師 3	外交官 2	記者 4
アナウンサー等 4	音楽芸能 3	看護師 5	学者教授 3	通訳者 2	会社員 OL 4
弁護士検察 3	科学研究者 2	航空パイロット 4	航空整備士 2	他各 1 職種 15	学者研究者 3
国家公務員等 3	保育士 2	歌手 4	建築士 2		IT 技術者 3
会社員 3	デザイナー 2	軍人 3	メディア製作 2		企業家 2
小説文筆家 3	調理師 2	警察 3	ゲームプログラマー 2		弁護士 2
福祉 NPO 3	1のみ職種 11	報道アナウンサー 3	プログラマー 2		芸術芸能 2
会計司法書士 2		2人選択職 10	牧師 2		設計 2
医療専門職 2		1人選択職 20	芸能人 2		大金持ち 2
音楽家 2			飲食料理 2		演奏家 2
カウンセラー 2			1のみ職種 17		外交官 2
スチュワーデス 2					スポーツプロ 2
1のみ職種 16					1のみ職種 27

出典：表6-7と同じ

　今調査でもっとも重視した項目の1つである，これまでの希望職業の生成と現在の希望職業の中身をみる。

表6-9　国別の希望職業ありとTV番組・映画の影響

国	番組映画（％）[Q2-5-13]	
	非選択	選択した者
日　本	181　（78.7）	49　（21.3）
韓　国	105　（64.0）	59　（36.0）
インドネシア	11　（100.0）	0　（0.0）
中　国	36　（70.6）	15　（29.4）
合　計	333　（73.0）	123　（27.0）

出典：表6-3と同じ，p.8

表6-10　国別の父母から影響を受けた者

国	父母（％）[Q2-6-1]	
	非選択	選択者
日　本	106　（73.6）	38　（26.4）
韓　国	88　（56.4）	68　（43.6）
インドネシア	5　（41.7）	7　（58.3）
中　国	144　（51.8）	134　（48.2）
合　計	343　（58.1）	247　（41.9）

注：$\chi^2=20.285$, df=3, $p<.001$。
出典：表6-9と同じ

インドネシアは時間切れで処理できなかったが，他の3カ国についてみると，未記入者が多い。それは委託集合調査をしたことにより，回答の仕方について，説明がなかった学校とあった学校の違いによる。

現在（まで）の希望を記述した者（表6-7）は，中国普通高校で極端に低いが，韓国では高く，日本はそれほど鮮明ではない。小学校，中学校ごろからの希望を継続している者は日本，韓国の普通高校で多い。

現在の希望職種（表6-8）は，記入者が多いことにもよるが，韓国でもっとも幅広く，多様である。しかも，普通科で医師志望が1名のみであり，デザイナー，プログラマー，軍人などが目立つ。また，中国の場合，教師も多いが，デザイナー，ビジネスマン，金持ちが多い。さらに，これらの国と比較すると，日本の普通高校は職種の広がりに欠け，専門職志向が強いことが特徴になっている。ちなみに，ここに摘記していないインドネシアの普通高校では医師，教師に集中していた。

(5)　希望職業を形成するうえでの影響イベント，家庭の影響

これまでに希望職業を形成するうえで影響を与えたイベントを「学校の教科学習」「職業高校での学習」「家庭での仕事の手伝い」「アルバイト」「ボランテ

ィア」「学校の就職指導」「課外活動」「工場見学」「職業適性検査や興味検査」「その他」を含めて18項目の選択式（複数回答）で求めた（章末資料Q2-5）。ここでも，先の質問（Q2-2）と同様，回答する者がどの国でも極めて少なかった。そのなかで，全体で10％近く，とくに韓国でやや目立つのが「テレビ番組や映画」の影響であった（表6-9参照）。

　また，職業希望形成に果たす人物モデルを尋ねた（Q2-6）。父母，兄弟姉妹，祖父母や親戚，学校の教師，友人，アルバイト先の上司など，12項目の選択式である。ここでもどの項目もどの国でも選択者が全般的に少なかったが，全体の15％強にあたる247人（何らかの項目を選択したうちの41.9％）が父母をあげた。ただし，表6-10のように，日本の高校生の選択率が極めて低いことが注目される（1％水準で有意）。

3．わが国の職業選択の状況と問題

　以上の分析・考察を簡潔に要約すると，進路・職業選択における学校制度の成熟度（職業高校生を含めた高等教育の発展水準），大学入試制度，各国の文化や労働市場・経済構造の特質がかなり，もしくは一定の影響を与えていること，希望職業の形成にテレビや映画，父母の一定影響がみられることなどが読み取れる。

　しかしながら，表6-11と図6-1（2005年のE調査結果）にみられるように，わが国の高校生や大学生の進路決断・希望職業形成の先送り傾向やメディアや家庭からの影響の薄さ（生徒の内面形成の硬さ）という問題状況も確認できる。また，教師の影響がプラスよりマイナスが多かったり，さらに，一般にはプラス効果があると思われるアルバイトがプラス，マイナス，相半ばという複雑さを呈している。

　いずれにせよ，第7章の国際比較調査の結果でも論及するが，日本の若者・高校生はあまり，他からの影響を肯定したがらない。その「内面形成の硬さ」と表現されるべき進路・職業を選択する時の内面的側面，つまり本章で残した課題である職業意識や職業観の形成の問題が次に究明されなければならない。

表 6 - 11　高校生のキャリアモデルの有無パターンによる職業観成分の差異（2005 年調査）
　　　　　（5 件法による平均値）

成　分	正・負とも有	正のみ有	負のみ有	正・負とも無	F 値	多重比較
社会理想志向	3.2433	3.4005	3.0741	3.1176	9.627 ***	正＞負・無
自己実現志向	4.1061	4.1283	3.7565	3.7679	23.589 ***	正負・正＞負・無
地位条件志向	3.1729	3.1310	2.8617	3.0088	8.260 ***	正負・正＞負
生活安定志向	4.1870	4.2358	4.1685	4.1846	0.601	
使命役割志向	2.5421	2.6683	2.4636	2.5821	5.753 **	正・無＞負
N=	215	252	311	859		

注：＊＊＊ $p<.001$　＊＊ $p<.01$。

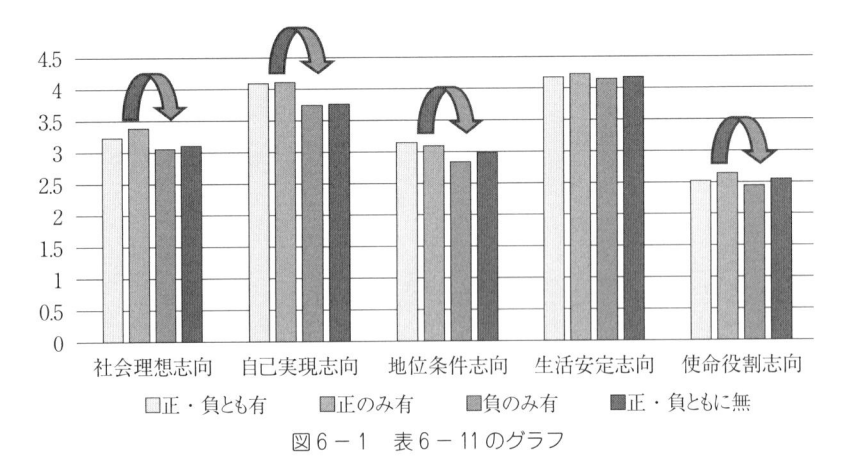

図 6 - 1　表 6 - 11 のグラフ

参考文献

寺田盛紀（2004）「普通科高校生の大学への移行・進学過程─職業選択・職業観形成との関連で」『キャリア形成・就職メカニズムの国際比較─日独米中の学校から職業への移行過程─』晃洋書房．

───（2009）「職業観形成の比較教育文化的研究（1）─日・中・韓・印ネの高校 3 年生の進路形成と職業希望の様態─」『名古屋大学大学院教育科学発達研究科紀要』（教育科学）第 56 巻第 1 号．

Halsey, A. H.（1977）Towards Meritcracy? The Caseot Britain.

ハルゼー（1980）「メリトクラシーの幻想」カラベル J. & ハルゼー『教育と社会変動　上』東京大学出版会．

樋田大二郎他（2000）『高校生の文化と進路形成の変容』学事出版．

資料　E調査（アンケート調査）の質問項目例

Q1-10. 卒業後すぐに就職をしますか，それとも大学やカレッジに進学しますか。
　　　1. 進学する　　　　　2. 就職する　　　　　3. まだ決めていない
Q2. 次にあなたのこれまでと現在の仕事や職業に対する考えを聞かせてください。
Q2-1. あなたは現在就きたいと思う仕事や職業はありますか。（既に就職が内定している場合であってもお答えください）
　　　1. ある　→→Q2-3へ　　2. ない　→→Q2-2へ　　3. 迷っている　→→Q2-2へ
Q2-3. あなたはこれまで特定の仕事や職業に就きたいと思ったことがありますか。1回でもある場合，記入例に従い，表の一番左の欄にその仕事・職業の名前を書いてください。まったくない場合は，Q2-7に進んでください。
Q2-4. それはいつごろからいつごろまでのことでしたか。記入例に従い，表に仕事・職業ごとに矢印を入れてください。
Q2-5. また，その仕事・職業に就きたいと思うようになったのは，どのような事柄の影響でしたか。記入例に従い，表に下記［印象的な出来事の例］を参考に矢印の下に当てはまる事柄を記入してください。

章末資料　E調査（アンケート調査）の質問項目例

就きたい職業＼年齢・学年	0	1	2	3	4	5 小1	6 小2	7 小3	8 小4	9 小5	10 小6	11 中1	12 中2	13 中3	14 高1	15 高2	16 高3	17
例）野球選手							↑テレビ番組をよく見ていて，近くにプロの球団の野球場もあった。→											
商社マン										テレビの外国のルポ番組が好きだった。親の勧めもあって↑				→				
脚本家												↑中1で映画を見て		→				
研究者																	高3の世界史の教師との出会い↑	

例）・テレビ番組をよく見ていて，近くにプロの球団の野球場もあり，小2ごろから小4まで野球選手になりたいと思っていた。
　　・テレビの外国のルポ番組が好きだった。親の勧めによって，小5から中3ごろまで商社マンになりたいと思っていた。
　　・中1で見た映画がきっかけで，中3まで脚本家をめざしていた。
　　・高校に入ってからは研究者をめざし，特に世界史の授業の教師との出会いが印象に残っている。

第 7 章
高校生の職業観の発達・変化と生活・学習活動の影響
―6カ国における2009年と2011年の比較縦断調査結果から―

　前章では，高校生や大学生の職業選択や希望職業の生成状況について，10年ほど前と6年ほど前のわが国やアジア3カ国の高校生・大学生に対するアンケート調査を通して検討した。本章は，それらアジア3カ国だけでなく，わが国と好対照の欧米2カ国（アメリカとドイツ）も取り上げた2009年（当時高校1年生）と2011年（高校3年生）の2回にわたって行った比較縦断調査の結果を活用し，わが国の高校生の職業観形成の側面に焦点化される。

　本章の内容は，筆者らの近似タイトルの前稿（2009, 2012, 2013）に続くものであり，2009年調査結果の分析と2011年調査の結果分析をつなぎ合わせ，両時点の間に起きた職業観やそれに対する生徒のキャリア経験（生活活動・学習活動，キャリアモデルの獲得）の教育的影響の意義を解明する。

1．職業観に関する先行研究と課題

1－1　欧米中心の職業観尺度

　まず，高校生の職業観やその形成・教育に関する研究史を寺田・紺田・清水の前稿（2012）の序文をほぼそのまま再掲する形で振り返っておく。

　職業観と労働観に関して，前者は個々の職業労働に対する考え方や価値意識であり，後者は職業を含む仕事一般に対する考え方や価値意識であるので，本来この2つを区別することが妥当である。しかし，わが国では個々の職業への固定性はそれほど強くないこと，職別労働市場が一部の専門職にほぼ限定されていることもあり，この両者はあまり厳密に区別されない。本章では，就業生活に対する考え方や価値意識という意味で，両者を一括して「職業観」と表現

する。

　このような職業観に関しては，尾高（1941, 1944, 1970）の社会学的研究を嚆矢とする。生計維持（経済的側面），社会的連帯（社会的側面），個性の発揮（心理的側面）を含む継続的人間活動としての職業における「奉仕としての職業観」「個人本意の職業観」「仕事本位の職業観」などの概念を提起した。

　その後，教育社会学的立場からの研究では，例えば，陣内（1978），樋田・岩木・耳塚・苅谷（2000），尾嶋（2001）そして小杉（2003）などが，学歴，学校ランク，性などの視点，つまり階層性の視点から検討を加えている。また，続（1955a, 1955b, 1956），村上（1955），廣井（1976），宮内（1986），中西・三川（1988）や藤本・阿部（1988），東・安達（2003）など進路指導関係者の研究は，多かれ少なかれスーパー（Super, D. E.）の15尺度（Super, 1970）やさらに遡ればシュプランガー（Spranger, E.）の価値意識の6分類，つまり「理論型」「経済型」「審美型」「社会型」「権力型」「宗教型」（Spranger, 1914, 1921）を継承しつつ，わが国の職業観の因子構造の究明を行っている。このような研究の多くは，比較文化論的視角からみると，日本と米国を中心とするものであるが，アジア地域の人々の職業観に関する多国間比較や職業観形成過程論の視角からの研究が残されている。

　海外の高校生の職業観の研究についてみると，1990年代冒頭にVondracek, Shimizu, Schulenberg, Hostetler, & Sakayanagi（1990）の日米比較研究がある。その後は，国際比較研究は概して低調であり，2000年以降に関しては，国別のキャリア形成の個々の局面における個別課題研究が多い（Tomasik, Hardy, Haase& Heckhausen, 2009／Kulich & Zhang, 2010）。そのなかで，職業観・仕事観と文化的価値観の関連（Duane, 2002），前者とパートタイム労働経験との関連や青年期全体を通しての価値観システムの発達やその縦断的研究（Erik, 2008）など，従来の研究が欠いていた価値観形成を追求しようとするアプローチもみられるようになってきた。

　しかし，全般的にみて，宗教や政治を含む文化的視点からの国際比較研究はそれほど多くはない。なかでも多国間比較の視点から職業観形成を問題にし，

かつそれに対する教育的働きかけ（以下，キャリア教育と呼ぶ）との関連を問題にする研究はほとんどみられない。

つまり，アメリカ的もの差しで国際比較をしてきたということである。国際比較というならば，日本とアメリカ，ヨーロッパ諸国との比較だけでなく，日本と中国やイスラム諸国を含む他のアジア諸国との比較という視点も必要であろう。そうすると，政治や宗教との関連も考慮した職業観比較になりうる。

このような内外の研究状況のなかで，寺田（2009）は日本，韓国，中国，インドネシアの4カ国の高校生アンケート調査から，「労働条件志向」「役割使命志向」「自己実現志向」「管理地位志向」「奉仕志向」という5つの職業観尺度を得，またアメリカ，ドイツを加えた2009年調査でも同じ因子尺度を抽出している。

1－2　縦断的（発達追跡的）・教育学的研究の必要性

ついで，職業観形成，つまり「形成」というのであれば，縦断的量的研究こそ必要である。しかし，この研究は技術的にも，時間的にも一研究者や小集団によるだけでは困難であるので，それほど多くは存在しなかった。アメリカでは，Kirpatrick（2002）／Erick（2008）／Jin, J. & Rounds, J.（2012）らの研究などしばしばみられる。しかし，わが国では進路指導や職業問題が社会学，経済学，心理学，教育学などの境界領域をなすためであるのか，非常に少ない。宮内の質的なケーススタディ（1986），雇用開発センター（2002）や労働政策研究・研修機構（佐藤舞，2012）の世代間比較など若干の成果がみられるが，パネル調査にもとづく職業観・労働観そのものに焦点をあてた研究は，安藤・吉田らの研究（2002）を除き，あまりみられなかった。なぜ縦断的研究が重要であるかといえば，観の形成などという課題は，そもそも学校教育学研究の視点だけでは包みきれない広範囲の要素を含むにもかかわらず，教育学研究や教育心理学研究の基本課題といえるからである。

加えて，職業観の形成，育成，つまり広義の教育は，本来，一般的な性格（いわゆるキャリア教育と呼んでもよい）のものであれ，専門的なものであれ，職

業教育研究こそが課題としなければならないと思われる。少なくとも、教育学研究においては、道徳教育や観の教育などというエクステンシブな課題は敬遠されてきた。授業やカリキュラムなどという形で計画化され、制度化されたインテンシブな教育・学習の研究こそがオーソドックスなアプローチであった。職業教育研究者であった本庄（1967），倉内（1975）の職業観教育の重要性の指摘以降も、具体的な実証研究としては、当該分野では皆無に近い。

2．調査方法・課題

2－1　調査方法

2009年調査は「高校1年生の職業観形成に関する国際比較アンケート」（各国語版），2011年調査は「高校3年生の職業観形成に関する国際比較アンケート」（各国語版）と名付けられ、それぞれ調査項目（変数）はまったく同じものである。

2009年に6カ国17校で実施し、2011年中に追跡した職業観アンケート調査は、2回とも、4カ国では研究者の立ち会いのもとで、インフォームドコンセントなどのブリーフィングを含む集合調査として行われ、韓国と日本のみ、日程調整の関係で委託集合調査として行われた。

2－2　調査内容（項目）

質問紙とその内容は、現地研究者，国内の外国人研究者・留学生との綿密な協議を経て、日本語を現地語に翻訳する形をとった。質問項目は生徒の属性，進路，希望職業，課外活動，アルバイト経験，キャリアモデルの有無などの質的項目が31問，職業観に関する4件法での量的項目が30問である。

調査対象校は、可能な限り、各国の代表的都市から選定し、日本は名古屋市の普通校と三重県内の工業校各1校，和歌山県内の普通校，商業校各1校，アメリカのオハイオ州の州都近郊市の総合校3校，ドイツ・ハノーファー市内の普通ギムナジウムと技術ギムナジウム各1校，韓国はソウル市内の普通男子校，普通女子校，工業校各1校，ソウル近郊のアンシャン市内の女子系商業校1校，

中国は上海市内の普通校，工業・ビジネス系校各1校，インドネシアは中部ジャワ州の州都・スマラン市内の普通校，工業校各1校，合計17校である。2009年調査では，それぞれ高校1年生（アメリカ，ドイツでは10年生），ドイツ1校の36人のみ11年生）を調査対象とし，1931人の生徒の協力を得た。2011年の2回目の調査では，その1931人を追跡し，同じ内容の質問紙調査を行い，1413人の協力を得ることができた。

2-3 分析方法

分析の対象は，2009年調査（寺田，2012）の分析対象において集計期限の関係で日本の和歌山県内の2校分を除いた残りの1362人のうち，2011年にも調査協力が得られた1061人（項目により欠損値が異なる）のデータである（表7-1）。

(1) 2009年調査と2011年調査における変化の測定

まず，2009年調査の概要と2009年調査の職業観の因子分析結果（変化の実相），さらにそれに影響を与えると考えられる高校生の生活・学習活動（これも両地点の変化の実相）を把握する。これらの点の詳細については，紙数の関係から寺田・清水・山本（2013a）を参照されたい。ここでは，両調査における職業観の因子分析結果（表7-3と表7-4）と職業観4尺度の安定性（表7-5）のみ示しておく。

(2) 変化した職業観4尺度の値（平均値）に変化した個々の学習・生活活動の効果の測定

縦断分析の方法としては，すべての変数は2時点間でそれぞれ変化しているので，2時点間の変化とそれぞれのキャリアモデルやキャリアイベント（効果的学習・生活活動）の個別変数との2要因分散分析を行った。

つまり，2011年調査における父，母など12の項目のいずれかの項目の有無のパターン（4パターン）と職業観の4尺度の2時点反復測定とによる国別と全体の2要因分散分析，そして同様に2011年調査における仕事・職業を考えるきっかけとしての「学校での普通教科の学習」など15項目の選択・非選択と

表7-1 縦断調査参加者・学校基本情報 (人)

国	学校コード	2011年調査	縦断回答者	性別 男	性別 女	性別 不明	学校種（2分類）
アメリカ	11	41	41	18	23	0	総合 *a
	12	38	38	17	21	0	総合 *a
	13	35	35	13	22	0	総合 *a
ドイツ	491	31	26	14	12	0	普通
	492	26	26	25	1	0	職業 *b
	493	151	—	—	—	—	普通
インドネシア	621	107	99	32	66	1	普通
	622	91	57	54	3	0	職業
日本	811	114	102	42	60	0	普通
	812	151	139	131	8	0	職業
	813	218	131	55	76	0	普通
	814	294	221	69	151	1	職業
	815	160	—	—	—	—	普通
韓国	821	79	76	0	76	0	職業
	822	53	53	52	1	0	職業
	823	70	68	67	0	1	普通
	824	69	68	0	68	0	普通
中国	861	142	113	60	53	0	普通
	862	139	120	67	53	0	職業（工商）
合計	19校	2009	1413	716	694	3	
今回の分析	15校		1061	592	467	2	

注：学校コード493，815は2回目だけの参加のため，813，814は寺田・紺田・清水（2012）に対応させ除外。*aはいずれも総合であり，キャリア・アカデミー等での職業科目履修如何で区別，*bは技術ギムナジウム。
出典：寺田・清水・山本，2013a, p.52

表7-2 参加者の国別・学校種別内訳

	B国(%)						合計
	ドイツ	インドネシア	日本	韓国	中国	アメリカ	
学校種							
普通系	26(4.7)	99(18.0)	102(18.6)	136(24.8)	113(20.6)	73(13.3)	549
職業系	26(5.1)	57(11.1)	139(27.1)	129(25.2)	120(23.4)	41(8.0)	512
合計	52(4.9)	156(14.7)	241(22.7)	265(25.0)	233(22.0)	114(10.7)	1061

注：検定結果は$\chi^2(5)=25.106$，$p<0.001$。調整み残差の分析の結果5％水準で有意な度数はゴシックで表記。
出典：表7-1と同じ

表7－3　2009年調査の因子分析結果

項目	自己実現・生活享受	社会・奉仕	経済・安定	リーダー・富有家	共通性	平均値	標準偏差
自分の仕事に没頭できること	.672	-.035	.124	-.182	.395	3.408	.780
自分らしさを表現すること	.595	-.010	.049	-.062	.333	3.352	.761
自分の夢を追求すること	.587	-.007	-.144	.071	.351	3.517	.721
自分の好きなペースで仕事ができること	.562	-.186	.129	.054	.289	3.445	.740
家庭生活や趣味などと調和がとれること	.408	-.032	.315	-.088	.273	3.586	.607
自分の能力を試すこと	.374	.206	-.052	.106	.324	3.263	.785
新しいものを作ること	.369	.187	-.094	.062	.264	3.044	.896
難しい課題に挑戦すること	.364	.300	-.233	.121	.381	2.973	.859
多くの人と接すること	.360	.184	.008	-.025	.234	3.324	.751
独立して気兼ねなくやれること	.353	.116	-.060	.211	.301	3.165	.876
企業の発展に尽くすこと	-.129	.701	.075	.132	.538	3.192	.811
社会の一員としての義務を果たすこと	.138	.625	.085	-.217	.441	3.187	.778
国家の発展に貢献すること	-.011	.598	-.014	.149	.451	2.905	.910
組織の一員として協力して働くこと	-.017	.592	.080	-.086	.334	3.226	.759
人の命や安全を大切にすること	.125	.379	.185	-.057	.285	3.423	.748
社会から尊敬される仕事であること	.099	.378	.035	.259	.403	3.347	.789
安定した企業で働けること	-.250	.354	.608	-.013	.522	3.441	.730
よい労働条件を得ること	.103	-.139	.560	.164	.382	3.346	.730
生活が安定すること	.145	.013	.556	.008	.386	3.659	.576
失業のない職であること	-.072	.163	.543	.056	.386	3.405	.777
通勤の便がよいこと	-.020	.098	.444	.031	.245	2.877	.878
できるだけ高い地位につけること	-.092	.034	.217	.629	.503	3.121	.864
リーダーとして部下を率いること	.086	.135	-.038	.529	.412	2.837	.900
より多くの金銭を得ること	-.022	-.294	.420	.504	.416	3.239	.738
専門的知識や技術を生かせること	.268	.296	-.073	.167	.342	3.376	.746
家族や子孫の繁栄につなげること	.184	.200	.172	.141	.278	3.348	.805
生きるための手段を得ること	.233	.026	.282	.138	.260	3.348	.817
仲間と楽しく働けること	.270	.185	.216	-.122	.221	3.550	.665
自己実現・生活享受志向	1.000	*.581*	*.305*	*.367*	*.787*	*3.305*	*.428*
社会・奉仕志向	.601	1.000	*.471*	*.426*	*.783*	*3.208*	*.555*
経済・安定志向	.273	.373	1.000	*.453*	*.727*	*3.340*	*.516*
リーダー・富有家志向	.455	.487	.336	1.000	*.649*	*3.060*	*.643*

注：相関行列の下三角は因子間相関である。構成した尺度の統計量に関して，相関行列の上三角に尺度間相関，共通性の欄にα係数，尺度の平均と標準偏差をそれぞれ該当する欄にイタリック体で示した。
出典：寺田・紺田・清水，2012，p.7

職業観4尺度の2時点反復測定とによる国別と6カ国全体の2要因分散分析である。

使用した統計ソフトはIBM SPSS Statistics Advanced 20.0である。

表7-4 2011年調査の因子分析結果

項目	自己実現・生活享受	社会・奉仕	経済・安定	リーダー・富有家	共通性	平均値	標準偏差
自分の好きなペースで仕事ができること	0.622	-0.196	0.336	-0.080	0.437	3.402	0.721
自分の夢を追求すること	0.569	-0.012	-0.056	0.065	0.326	3.515	0.685
自分の仕事に没頭できること	0.558	0.072	0.151	-0.210	0.370	3.338	0.815
自分らしさを表現すること	0.548	0.039	-0.029	0.090	0.361	3.352	0.751
独立して気兼ねなくやれること	0.502	-0.096	0.034	0.117	0.261	3.165	0.849
難しい課題に挑戦すること	0.426	0.288	-0.253	0.138	0.413	2.972	0.814
新しいものを作ること	0.422	0.220	-0.095	0.034	0.316	3.022	0.874
自分の能力を試すこと	*0.384*	0.266	-0.043	0.019	0.327	3.205	0.767
家庭生活や趣味などと調和がとれること	*0.329*	-0.041	*0.359*	0.011	0.289	3.541	0.657
多くの人と接すること	*0.206*	*0.341*	0.046	0.059	0.295	3.287	0.771
社会の一員としての義務を果たすこと	0.028	0.683	0.091	-0.165	0.453	3.069	0.807
企業の発展に尽くすこと	-0.071	0.656	-0.004	0.125	0.472	3.142	0.808
組織の一員として協力して働くこと	-0.003	0.638	0.187	-0.212	0.425	3.181	0.780
国家の発展に貢献すること	0.036	0.621	-0.063	0.065	0.424	2.789	0.926
人の命や安全を大切にすること	0.032	0.406	0.098	0.105	0.291	3.332	0.772
社会から尊敬される仕事であること	0.084	*0.330*	0.125	0.217	0.359	3.321	0.790
生活が安定すること	-0.071	0.110	0.595	0.141	0.484	3.644	0.610
よい労働条件を得ること	0.207	-0.176	0.579	0.105	0.404	3.441	0.678
通勤の便がよいこと	0.013	0.154	0.532	-0.163	0.322	2.929	0.876
安定した企業で働くこと	-0.227	0.243	0.520	0.226	0.513	3.384	0.767
失業のない職であること	-0.150	0.048	0.509	0.260	0.400	3.337	0.802
できるだけ高い地位につけること	-0.015	-0.100	0.124	0.755	0.570	3.063	0.851
リーダーとして部下を率いること	0.207	0.019	-0.056	0.603	0.481	2.849	0.891
より多くの金銭を得ること	-0.011	-0.141	0.355	0.419	0.324	3.280	0.695
専門的知識や技術を生かせること	*0.346*	0.215	-0.061	0.210	0.362	3.351	0.741
家族や子孫の繁栄につなげること	0.074	0.168	0.058	0.323	0.252	3.269	0.842
生きるための手段を得ること	0.050	0.096	0.267	0.218	0.238	3.440	0.759
仲間と楽しく働けること	0.133	0.314	0.338	-0.162	0.319	3.507	0.653
自己実現・生活享受志向	1.000	*0.576*	*0.373*	*0.397*	*0.798*	*3.278*	*0.463*
社会・奉仕志向	0.576	1.000	*0.486*	*0.425*	*0.782*	*3.137*	*0.567*
経済・安定志向	0.311	0.443	1.000	*0.463*	*0.749*	*3.345*	*0.535*
リーダー・富有家志向	0.351	0.505	0.368	1.000	*0.673*	*3.060*	*0.639*

注：主因子法の繰り返し法で共通性を推定し，Promax法で因子軸の回転を行った。因子パターン行列を表示した。相関行列の下三角は因子間相関行列，上三角（イタリック体）は構成した尺度間相関行列である。イタリック体の共通性の部分は構成した尺度のα係数である。尺度得点では総点を項目数で割った。
出典：表7-1と同じ，p.54

表7-5 2回の調査における4尺度の安定性

	自己実現・生活享受	社会・奉仕	経済・安定	リーダー・富有家	人数
全体	0.464	0.476	0.388	0.478	959
日本	0.276	0.400	0.408	0.450	214
韓国	0.407	*0.346*	*0.342*	*0.377*	241
中国	*0.303*	0.380	*0.249*	*0.363*	207
インドネシア	0.519	0.443	*0.374*	0.458	145
ドイツ	*0.322*	0.578	0.662	0.578	45
アメリカ	0.555	*0.373*	0.523	0.598	107

出典：表7-1と同じ，p.55

3. 結果1：キャリアモデルの有無のパターンと職業観との関連

まず，2回目の調査時点におけるキャリアモデルの有無を要因とし，それが職業観の各尺度に与えた，あるいは与えなかった作用を確認する。Q2-4で「あなたは，将来の仕事や職業を考える上で，自分もそうなりたいという意味で影響を受けた人物がいますか」という質問に対して「いる」「いない」の2つの選択肢が用意されていた。筆者らは，これを「プラスモデル」と呼ぶ。また，Q2-5で「あなたは，将来の仕事や職業を考える上で，自分はそうなりたくないという意味で影響を受けた人物がいますか」ということを重ねて問うた。これを「マイナスモデル」と呼ぶ。実際には無回答者がいるので，正確には9パターンが現出するが，無回答者は非常に少なく，あえて分析から除外し，これら2つの変数から新変数を作成し，4パターンを導き出した。

3-1　国別のパターン比較

まず，表7-6に，国別に，職業観の尺度ごとの反復測定の主効果(a)，キャリアモデル有無のパターン（2回分の合計の平均値間）の主効果(b)，そして両要素の交互作用（a×b）を2要因分散分析結果として示す。なお，職業観の反復測定の主効果（反復効果）で有意差がみられたものに関して，p値を示したうえで，それが必ずしも向上（発達）傾向のみを示さず，低下傾向をも示すので，(a)欄に示した。前者の場合は「↗」，後者の場合は「↘」で方向を示した。また，(b)のモデルパターンの有無の主効果が有意である場合と，さらにその(b)を含む(a)×(b)の交互作用が有意の場合で，その単純主効果が有意の場合，モデルパターンごとの多重比較が必要であり，検定にはボンフェローニ（Bonferroni, C. E.）の多重比較検定を適用し，その結果が有意であったパターン間の大小関係を示した。

アメリカについて，自己実現・生活享受志向（以下，第1尺度）の反復機会の主効果において0.1％水準で有意という大幅な低下傾向を示した。

ドイツについては，社会・奉仕志向（以下，第2尺度）の反復機会の主効果

において，5％水準で有意に低下している。他方，社会・奉仕志向と経済・安定志向（以下，第3尺度）においては，反復機会とキャリアモデルの交互作用が1％水準ないし5％水準で有意である。第2尺度では1回目の両方有（11）が両方無（22）に対して，両方有（11）の機会主効果において，第3尺度ではプラスのみ有（12）の反復機会に主効果において有意に平均値が高かった。

インドネシアは，第1尺度の反復機会の主効果において，平均値が有意に高くなっている（$p<0.05$）。

日本の生徒は複雑な結果を示した。まず，インドネシアと同様，第1尺度の反復機会の主効果において，1％水準で有意に平均値が高くなる一方，モデルパターンの主効果において第1尺度ではプラスのみ有が両方無に対して，社会・奉仕志向ではやはりプラスのみ有が意外なことに両方有に対して，さらに経済・安定志向でもマイナスのみ有が両方有より平均値が高くなるという意外な結果であった。

韓国も第3尺度の反復機会の主効果において0.1％水準で有意に高くなっている。

中国の場合は，第2尺度の反復機会において，平均値が有意に低下している（$p<0.001$）が，リーダー・富裕家志向（以下，第4尺度）のそれにおいては逆に有意に高くなっている（$p<0.01$）。

3-2　学校種別比較

学校種別にみてみると，普通系生徒の場合，第4尺度の反復機会において明確な傾向が観察されないが，職業系生徒の場合（表7-7），経済・安定志向を除く，3つの尺度において，尺度の順に，両方有（11）＞両方無（22），プラスのみ有（12）＞両方無（22），プラスのみ有（12）＞マイナスのみ有（21），プラスのみ有（12）＞両方無（22），両方有（11）＞両方無（22），プラスのみ有（12）＞両方無（22）という結果を示した。

職業系の生徒の場合も反復機会の主効果においては普通系生徒と同様の傾向を示した（第1尺度では12>22，11>22，第2尺度では11>22）が，第2尺度では

表7-6 キャリアモデル有無のパターンを要因とする職業観4尺度の反復測定の分散分析結果(国別)

パターン		自己実現・生活享受志向					社会・奉仕志向				
		1回目		2回目			1回目		2回目		
キャリアモデルの有無のパターン(2回目)		平均	標準偏差	平均	標準偏差	人数	平均	標準偏差	平均	標準偏差	人数
アメリカ	プラス有・マイナス有(11)	3.461	0.301	3.233	0.387	18	3.074	0.506	3.120	0.628	18
	プラス有・マイナス無(12)	3.430	0.361	3.213	0.387	61	3.208	0.509	3.003	0.504	60
	プラス無・マイナス有(21)	3.300	0.141	2.900	0.141	2	2.917	0.825	2.583	0.354	2
	プラス無・マイナス無(22)	3.293	0.485	3.050	0.416	28	2.935	0.663	2.756	0.520	28
	総和	3.397	0.387	3.169	0.396	109	3.110	0.561	2.951	0.539	108
	分散分析結果	自己実現・生活享受志向(反復)(a): $F(1,105)=13.461$, $p<.001$ 有無のパターン(b): $F(3,105)=1.666$, n.s. (a)×(b): $F(3,105)=.170$, n.s.					社会・奉仕志向(反復)(a): $F(1,104)=1.918$, n.s. 有無のパターン(b): $F(3,104)=2.585$, $p<.10$→多重比較 12>22 (a)×(b): $F(3,104)=.829$, n.s.				
ドイツ	プラス有・マイナス有(11)	3.278	0.360	3.167	0.283	9	3.352	0.452	2.741	0.521	9
	プラス有・マイナス無(12)	3.011	0.450	3.121	0.345	28	2.794	0.530	2.728	0.544	30
	プラス無・マイナス有(21)	—	—	—	—	0	—	—	—	—	0
	プラス無・マイナス無(22)	3.300	0.216	3.150	0.129	4	2.667	0.601	2.722	0.255	3
	総和	3.098	0.427	3.134	0.313	41	2.905	0.560	2.730	0.515	42
	分散分析結果	自己実現・生活享受志向(反復)(a): $F(1,38)=.317$, n.s. 有無のパターン(b): $F(2,38)=1.167$, n.s. (a)×(b): $F(2,38)=1.362$, n.s.					社会・奉仕志向(反復)(a): $F(1,39)=4.378$, $p<.05$ 有無のパターン(b): $F(2,39)=1.342$, n.s. (a)×(b): $F(2,39)=6.066$, $p<.01$→主効果: 1回目 11>22 と 11 の機会				
インドネシア	プラス有・マイナス有(11)	3.658	0.244	3.691	0.240	66	3.608	0.349	3.664	0.274	65
	プラス有・マイナス無(12)	3.689	0.221	3.739	0.267	66	3.659	0.317	3.664	0.317	63
	プラス無・マイナス有(21)	3.633	0.207	3.800	0.167	6	3.639	0.306	3.667	0.211	6
	プラス無・マイナス無(22)	3.580	0.421	3.700	0.265	5	3.542	0.459	3.417	0.289	4
	総和	3.669	0.238	3.718	0.250	143	3.630	0.334	3.657	0.293	138
	分散分析結果	自己実現・生活享受志向(反復)(a): $F(1,139)=5.822$, $p<.05$ 有無のパターン(b): $F(3,139)=.512$, n.s. (a)×(b): $F(3,139)=.701$, n.s.					社会・奉仕志向(反復)(a): $F(1,134)=.026$, n.s. 有無のパターン(b): $F(3,134)=.613$, n.s. (a)×(b): $F(3,134)=.541$, n.s.				
日本	プラス有・マイナス有(11)	3.081	0.525	3.217	0.515	47	2.830	0.598	2.858	0.587	48
	プラス有・マイナス無(12)	3.182	0.339	3.212	0.459	51	3.115	0.517	3.128	0.508	48
	プラス無・マイナス有(21)	2.936	0.570	3.173	0.249	22	2.856	0.669	2.886	0.585	22
	プラス無・マイナス無(22)	2.970	0.490	3.068	0.504	93	2.913	0.501	3.087	0.569	92
	総和	3.042	0.482	3.146	0.478	213	2.934	0.553	3.023	0.569	210
	分散分析結果	自己実現・生活享受志向(反復)(a): $F(1,209)=8.054$, $p<.01$ 有無のパターン(b): $F(3,209)=2.823$, $p<.05$ →多重比較 12>22 (a)×(b): $F(3,209)=.753$, n.s.					社会・奉仕志向(反復)(a): $F(1,206)=1.665$, n.s. 有無のパターン(b): $F(3,206)=3.338$, $p<.05$ →多重比較 12>11 (a)×(b): $F(3,206)=1.071$, n.s.				
韓国	プラス有・マイナス有(11)	3.362	0.386	3.334	0.451	65	3.156	0.463	3.089	0.572	64
	プラス有・マイナス無(12)	3.413	0.378	3.421	0.396	61	3.178	0.502	3.216	0.531	61
	プラス無・マイナス有(21)	3.326	0.406	3.321	0.424	47	3.083	0.498	2.993	0.605	46
	プラス無・マイナス無(22)	3.341	0.422	3.200	0.461	44	3.133	0.547	3.042	0.629	44
	総和	3.364	0.391	3.329	0.436	217	3.142	0.497	3.095	0.582	215
	分散分析結果	自己実現・生活享受志向(反復)(a): $F(1,213)=1.797$, n.s. 有無のパターン(b): $F(3,213)=1.596$, n.s. (a)×(b): $F(3,213)=1.097$, n.s.					社会・奉仕志向(反復)(a): $F(1,211)=1.578$, n.s. 有無のパターン(b): $F(3,211)=1.187$, n.s. (a)×(b): $F(3,211)=.581$, n.s.				
中国	プラス有・マイナス有(11)	3.229	0.424	3.233	0.426	58	3.327	0.444	3.143	0.503	57
	プラス有・マイナス無(12)	3.221	0.499	3.162	0.392	47	3.303	0.522	3.235	0.445	44
	プラス無・マイナス有(21)	3.153	0.463	3.207	0.505	15	3.324	0.336	3.037	0.491	18
	プラス無・マイナス無(22)	3.122	0.416	3.067	0.446	87	3.202	0.476	3.086	0.473	85
	総和	3.177	0.441	3.145	0.436	207	3.270	0.468	3.130	0.478	204
	分散分析結果	自己実現・生活享受志向(反復)(a): $F(1,203)=.107$, n.s. 有無のパターン(b): $F(3,203)=1.942$, n.s. (a)×(b): $F(3,203)=1.247$, n.s.					社会・奉仕志向(反復)(a): $F(1,200)=14.067$, $p<.001$ 有無のパターン(b): $F(3,200)=1.208$, n.s. (a)×(b): $F(3,200)=.914$, n.s.				

注: 分析対象は、2回目の調査において「将来の仕事や職業について考える上で、自分もそうなりたいという意味で影響を受けた人物はいますか」(プラスモデル)と「将来の仕事や職業について考える上で、自分はそうなりたくないという意味で影響を受けた人物はいますか」(マイナスモデル)

経済・安定志向					リーダー・富有家志向					パターン	
1回目		2回目			1回目		2回目				キャリアモデルの有無のパターン（2回目）
平均	標準偏差	平均	標準偏差	人数	平均	標準偏差	平均	標準偏差	人数		
3.311	0.514	3.278	0.583	18	3.370	0.523	3.426	0.425	18	アメリカ	プラス有・マイナス有(11)
3.423	0.512	3.243	0.480	60	3.464	0.510	3.383	0.530	61		プラス有・マイナス無(12)
2.800	0.566	3.100	0.707	2	3.000	1.414	2.833	1.650	2		プラス無・マイナス有(21)
3.269	0.626	3.138	0.551	29	3.367	0.663	3.356	0.593	30		プラス無・マイナス無(22)
3.352	0.548	3.218	0.515	109	3.414	0.569	3.372	0.552	111		総和
経済・安定志向(反復)(a)：$F(1,105)=.012$, n.s. 有無のパターン(b)：$F(3,105)=.865$, n.s. (a)×(b)：$F(3,105)=.835$, n.s.					リーダー・富有家志向(反復)(a)：$F(1,107)=.270$, n.s. 有無のパターン(b)：$F(3,107)=.712$, n.s. (a)×(b)：$F(3,107)=.430$, n.s.					分散分析結果	
3.533	0.316	3.111	0.414	9	2.852	0.603	2.926	0.662	9	ドイツ	プラス有・マイナス有(11)
3.487	0.406	3.387	0.410	30	2.759	0.734	2.828	0.561	29		プラス有・マイナス無(12)
—	—	—	—	0	—	—	—	—	0		プラス無・マイナス有(21)
3.150	0.443	3.250	0.412	4	2.800	0.803	2.600	0.494	5		プラス無・マイナス無(22)
3.465	0.397	3.316	0.417	43	2.783	0.701	2.822	0.570	43		総和
経済・安定志向(反復)(a)：$F(1,40)=3.242$, $p<.10$ ↘ 有無のパターン(b)：$F(2,40)=.991$, n.s. (a)×(b)：$F(2,40)=3.558$, $p<.05$ →主効果：12の機会					リーダー・富有家志向(反復)(a)：$F(1,40)=.022$, n.s. 有無のパターン(b)：$F(2,40)=.192$, n.s. (a)×(b)：$F(2,40)=.383$, n.s.					分散分析結果	
3.582	0.353	3.572	0.415	65	3.214	0.552	3.354	0.482	64	インドネシア	プラス有・マイナス有(11)
3.609	0.362	3.609	0.407	66	3.200	0.583	3.385	0.572	65		プラス有・マイナス無(12)
3.600	0.245	3.360	0.623	5	3.056	0.390	3.222	0.779	6		プラス無・マイナス有(21)
3.520	0.363	3.240	0.434	5	3.200	0.447	3.067	0.548	5		プラス無・マイナス無(22)
3.593	0.352	3.570	0.422	141	3.200	0.554	3.352	0.539	140		総和
経済・安定志向(反復)(a)：$F(1,137)=3.566$, $p<.10$ 有無のパターン(b)：$F(3,137)=.969$, n.s. (a)×(b)：$F(3,137)=1.120$, n.s.					リーダー・富有家志向(反復)(a)：$F(1,136)=.960$, n.s. 有無のパターン(b)：$F(3,136)=.360$, n.s. (a)×(b)：$F(3,136)=.481$, n.s.					分散分析結果	
3.096	0.690	3.133	0.780	48	2.646	0.764	2.694	0.666	48	日本	プラス有・マイナス有(11)
3.424	0.473	3.306	0.577	51	2.853	0.509	2.750	0.519	52		プラス有・マイナス無(12)
3.536	0.425	3.527	0.503	22	3.000	0.650	2.778	0.627	21		プラス無・マイナス有(21)
3.343	0.521	3.435	0.496	92	2.763	0.572	2.903	0.570	93		プラス無・マイナス無(22)
3.327	0.558	3.346	0.601	213	2.782	0.618	2.807	0.589	214		総和
経済・安定志向(反復)(a)：$F(1,209)=.000$, n.s. 有無のパターン(b)：$F(3,209)=5.302$, $p<.01$ →多重比較 21>11 (a)×(b)：$F(3,209)=1.188$, n.s.					リーダー・富有家志向(反復)(a)：$F(1,210)=.490$, n.s. 有無のパターン(b)：$F(3,210)=1.351$, n.s. (a)×(b)：$F(3,210)=2.925$, $p<.05$ →主効果：22の機会					分散分析結果	
3.218	0.482	3.338	0.563	65	3.123	0.555	3.051	0.791	65	韓国	プラス有・マイナス有(11)
3.149	0.524	3.343	0.576	63	2.937	0.622	3.058	0.646	63		プラス有・マイナス無(12)
3.292	0.585	3.429	0.463	48	3.069	0.663	3.222	0.605	48		プラス無・マイナス有(21)
3.295	0.520	3.368	0.420	44	3.061	0.660	2.917	0.659	44		プラス無・マイナス無(22)
3.230	0.525	3.365	0.518	220	3.045	0.620	3.064	0.689	220		総和
経済・安定志向(反復)(a)：$F(1,216)=11.178$, $p<.001$ 有無のパターン(b)：$F(3,216)=.752$, n.s. (a)×(b)：$F(3,216)=.409$, n.s.					リーダー・富有家志向(反復)(a)：$F(1,216)=.091$, n.s. ↗ 有無のパターン(b)：$F(3,216)=.957$, n.s. (a)×(b)：$F(3,216)=2.133$, $p<.10$ →主効果					分散分析結果	
3.286	0.473	3.310	0.552	58	3.181	0.588	3.211	0.638	57	中国	プラス有・マイナス有(11)
3.278	0.527	3.326	0.418	46	3.099	0.573	2.979	0.558	47		プラス有・マイナス無(12)
3.267	0.356	3.233	0.413	18	3.278	0.502	2.833	0.461	18		プラス無・マイナス有(21)
3.325	0.415	3.248	0.498	88	3.110	0.655	3.000	0.637	88		プラス無・マイナス無(22)
3.299	0.463	3.281	0.489	210	3.141	0.605	3.038	0.614	210		総和
経済・安定志向(反復)(a)：$F(1,206)=.040$, n.s. 有無のパターン(b)：$F(3,206)=.096$, n.s. (a)×(b)：$F(3,206)=.585$, n.s.					リーダー・富有家志向(反復)(a)：$F(1,206)=7.801$, $p<.01$ ↗ 有無のパターン(b)：$F(3,206)=1.224$, n.s. (a)×(b)：$F(3,206)=2.054$, n.s.					分散分析結果	

の両項目に回答した人で、2つの項目の回答（「いる」「いない」）のパターンによって分類している。尺度によって欠損数が異なるため、合計人数が異なる。

出典：寺田・清水・山本, 2013b, p.132

表7-7 キャリアモデル有無のパターンを要因とする職業観4尺度の反復測定の分散分析結果

| | | 自己実現・生活享受志向 | | | | | 社会・奉仕志向 | | | | |
| | | 1回目 | | 2回目 | | | 1回目 | | 2回目 | | |
パターン		平均	標準偏差	平均	標準偏差	人数	平均	標準偏差	平均	標準偏差	人数
普通系	プラス有・マイナス有(11)	3.375	0.454	3.418	0.414	159	3.190	0.534	3.159	0.607	158
	プラス有・マイナス無(12)	3.404	0.381	3.384	0.429	170	3.276	0.514	3.248	0.529	168
	プラス無・マイナス有(21)	3.255	0.521	3.355	0.414	42	3.008	0.568	2.988	0.656	42
	プラス無・マイナス無(22)	3.124	0.490	3.118	0.422	114	2.975	0.508	2.949	0.513	112
	総和	3.316	0.458	3.330	0.436	485	3.154	0.537	3.126	0.575	480
	分散分析結果	自己実現・生活享受志向(反復)(a)：$F(1,481)=1.643$, n.s. 有無パターン(b)：$F(3,481)=15.098$, $p<.001$ →多重 11>22, 12>22 (a)×(b)：$F(3,481)=1.187$, n.s.					社会・奉仕志向(反復)(a)：$F(1,476)=.757$, n.s. 有無パターン(b)：$F(3,476)=10.841$, $p<.001$ →多重 12>21, 12>22, 11>22 (a)×(b)：$F(3,476)=.005$, n.s.				
職業系	プラス有・マイナス有(11)	3.338	0.407	3.291	0.485	104	3.335	0.518	3.241	0.534	103
	プラス有・マイナス無(12)	3.335	0.465	3.306	0.441	144	3.226	0.561	3.158	0.559	138
	プラス無・マイナス有(21)	3.198	0.448	3.234	0.410	50	3.189	0.518	3.029	0.521	52
	プラス無・マイナス無(22)	3.143	0.460	3.088	0.503	147	3.119	0.553	3.117	0.564	144
	総和	3.257	0.456	3.222	0.478	445	3.212	0.547	3.149	0.552	437
	分散分析結果	自己実現・生活享受志向(反復)(a)：$F(1,441)=.811$, n.s. 有無パターン(b)：$F(3,441)=8.705$, $p<.001$ →多重 12>22, 11>22 (a)×(b)：$F(3,441)=.425$, n.s.					社会・奉仕志向(反復)(a)：$F(1,433)=7.742$, $p<.01$ 有無パターン(b)：$F(3,433)=3.078$, $p<.05$ →多重 11>22 (a)×(b)：$F(3,433)=1.190$, n.s.				

注：表7-6と同じ。
出典：表7-6と同じ，p.133

反復機会の主効果で平均値が有意に低下する（$p<0.01$）など、比較的順当な結果であった。

4．結果2：キャリアイベントの選択・非選択と職業観の関連

4-1 職業観の反復効果

本章3-1で論及したように、キャリアモデル有無のパターンを要因とする職業観の分散分析においては、アメリカの第1尺度、ドイツと中国の第2尺度などの反復主効果において有意な低下傾向がみられた。その集計では、無回答者だけを除き、キャリアモデルになる人物が「いない」と答えた生徒も含めた。

しかし、キャリアイベントの選択・非選択の分析の際には、仕事や職業を考えるきっかけになった「出来事がある」と答えた生徒のみを集計対象としているので、有効回答数がかなり減少し、当然反復測定の結果はやや異なってくる。にもかかわらず、次章（第8章）表8-1に示しているが、アメリカの第1尺度、第3尺度、ドイツの第3尺度、中国の第2尺度において有意に低下している（多

経済・安定志向					リーダー・富有家志向						
1回目		2回目			1回目		2回目				
平均	標準偏差	平均	標準偏差	人数	平均	標準偏差	平均	標準偏差	人数	パターン	
3.272	0.550	3.291	0.618	158	3.004	0.654	3.068	0.696	157	普通系	プラス有・マイナス有(11)
3.373	0.471	3.299	0.528	172	3.121	0.607	3.136	0.614	174		プラス有・マイナス無(12)
3.257	0.527	3.376	0.431	42	2.984	0.658	3.040	0.655	42		プラス無・マイナス有(21)
3.231	0.450	3.238	0.470	115	2.934	0.630	2.925	0.671	116		プラス無・マイナス無(22)
3.297	0.500	3.289	0.539	487	3.027	0.635	3.056	0.661	489		総和
経済・安定志向(反復)(a): $F(1,483) = .388$, n.s. 有無パターン(b): $F(3,483) = 1.269$, n.s. (a)×(b): $F(3,483) = 1.828$, n.s.					リーダー・富有家志向(反復)(a): $F(1,485) = .870$, n.s. 有無パターン(b): $F(3,485) = 2.979$, $p<.05$ → 多重 12>22 (a)×(b): $F(3,485) = .338$, n.s.					分散分析結果	
3.387	0.470	3.415	0.535	105	3.189	0.602	3.189	0.650	104	職業系	プラス有・マイナス有(11)
3.415	0.523	3.467	0.454	144	3.044	0.636	3.065	0.620	143		プラス有・マイナス無(12)
3.423	0.491	3.426	0.514	53	3.176	0.594	3.044	0.634	53		プラス無・マイナス有(21)
3.392	0.532	3.386	0.507	147	3.060	0.670	3.034	0.578	149		プラス無・マイナス無(22)
3.402	0.509	3.424	0.498	449	3.090	0.636	3.081	0.616	449		総和
経済・安定志向(反復)(a): $F(1,445) = .406$, n.s. 有無パターン(b): $F(3,445) = .442$, n.s. (a)×(b): $F(3,445) = .239$, n.s.					リーダー・富有家志向(反復)(a): $F(1,445) = 1.002$, n.s. 有無パターン(b): $F(3,445) = 1.791$, n.s. (a)×(b): $F(3,445) = .705$, n.s.					分散分析結果	

くの出来事項目別分析にもみられる)。他方、これまた本章3-1の分析とほぼ同様に、インドネシア(表省略)の第1尺度、第4尺度、日本(表7-8)の第1尺度、韓国(表省略)の第3尺度の反復主効果では有意に向上している(多くの出来事項目別分析にみられる)。

4-2 効果的出来事の有無の効果

　ここでより焦点をあてるべきは、将来の仕事・職業を考え、決定するうえでの効果的出来事に対する気づき体験の効果である。6カ国全体(表7-9)の普通教科での学習(第1と第2尺度)、職業高校での専門学習(第2から第4尺度)、アメリカの普通教科での学習(第3尺度)、テレビ・映画(第1と第2尺度)、ドイツの校外体験学習・企業実習における第3と第4尺度、インドネシアの労働行政の就職指導における第3と第4尺度、日本の学校の就職指導における第3尺度、韓国の職業高校での専門学習における第2と第3尺度、中国のアルバイトにおける第2と第4尺度などの主効果において、有意なプラス効果がみられ

表7－8　出来事を要因とする職業観4尺度の2回の反復測定の分散分析（日本）

出来事・体験内容	主効果・交互作用	自己実現・生活享受志向 n=143	社会・奉仕志向 n=143	経済・安定志向 n=144	リーダー・富有家志向 n=144	(b)体験の実数
普通教科での学習	(a)	*	n.s.	n.s.	n.s.	
	(b)	n.s.	n.s.	n.s.	n.s.	
	(a)×(b)	n.s.	n.s.	n.s.	n.s.	
校外での体験学習・企業実習	(a)	*	n.s.	n.s.	n.s.	
	(b)	n.s.	n.s.	n.s.	n.s.	
	(a)×(b)	n.s.	n.s.	n.s.	n.s.	
専門科目の学習	(a)	#	n.s.	n.s.	n.s.	
	(b)	n.s.	n.s.	n.s.	n.s.	
	(a)×(b)	n.s.	n.s.	n.s.	n.s.	
家庭での仕事の手伝い	(a)	n.s.	n.s.	n.s.	n.s.	
	(b)	n.s.	n.s.	#	#	
	(a)×(b)	n.s.	n.s.	n.s.	n.s.	
アルバイト	(a)	**	n.s.	n.s.	n.s.	
	(b)	n.s.	n.s.	n.s.	n.s.	
	(a)×(b)	n.s.	n.s.	n.s.	n.s.	
ボランティア活動	(a)	#	n.s.	n.s.	n.s.	
	(b)	*	#	n.s.	n.s.	
	(a)×(b)	n.s.	n.s.	n.s.	n.s.	
宗教的活動	(a)	**	n.s.	n.s.	n.s.	
	(b)	n.s.	**	n.s.	#	
	(a)×(b)	*	n.s.	n.s.	n.s.	
青少年組織の政治的活動	(a)	#	n.s.	n.s.	n.s.	
	(b)	n.s.	#	n.s.	*	
	(a)×(b)	n.s.	n.s.	n.s.	n.s.	
進学する上級学校や大学への訪問	(a)	**	n.s.	n.s.	n.s.	
	(b)	n.s.	*	n.s.	**	
	(a)×(b)	#	n.s.	n.s.	n.s.	
学校の就職指導・進路指導	(a)	n.s.	n.s.	n.s.	n.s.	38
	(b)	n.s.	n.s.	<u>*</u>	n.s.	
	(a)×(b)	#	n.s.	*↘>	#	
労働行政（職安）の就職指導	(a)	n.s.	n.s.	n.s.	n.s.	
	(b)	n.s.	n.s.	n.s.	n.s.	
	(a)×(b)	n.s.	n.s.	n.s.	n.s.	
課外の部活動	(a)	#	n.s.	n.s.	n.s.	
	(b)	n.s.	*	n.s.	n.s.	
	(a)×(b)	n.s.	n.s.	n.s.	n.s.	
テレビ番組や映画	(a)	**	*	n.s.	n.s.	
	(b)	n.s.	n.s.	#	n.s.	
	(a)×(b)	n.s.	n.s.	n.s.	n.s.	
家の近くの事業所の見学	(a)	n.s.	n.s.	n.s.	n.s.	
	(b)	n.s.	n.s.	n.s.	n.s.	
	(a)×(b)	n.s.	n.s.	n.s.	n.s.	
職業適性検査や興味検査	(a)	*	n.s.	n.s.	n.s.	
	(b)	n.s.	n.s.	n.s.	n.s.	
	(a)×(b)	n.s.	n.s.	n.s.	n.s.	

注：(a)：尺度（反復測定）の主効果　(b)：体験・非体験の主効果　(a)×(b)：交互作用．***$p<.001$，**$p<.01$，*$p<.05$，#$p<.10$．アンダーラインは有意差有りで体験者得点が増加（反復），または2回目でも勝っている（非体験との間で）項目。(a)×(b)が有意の場合，2回目得点が増大している場合↗，減少している場合↘，プラスイベント体験者の得点が大きい場合>，小さい場合<。1つ前の質問Q2－2で「きっかけとなる出来事がある」と答えた者のみ集計。
出典：表7－6と同じ，p.135

表7－9　出来事を要因とする職業観4尺度の2回の反復測定の分散分析（6カ国全体）

出来事・体験内容	主効果・交互作用	自己実現・生活享受志向 n=734	社会・奉仕志向 n=732	経済・安定志向 n=741	リーダー・富有家志向 n=743	(b)体験の実数
普通教科での学習	(a)反復 (b)体験 (a)×(b)	n.s. * n.s.	** * n.s.	n.s. n.s. n.s.	n.s. n.s. *↘×＞	246, 250
校外での体験学習・企業実習	(a) (b) (a)×(b)	n.s. ** n.s.	* *** n.s.	# n.s. *↘＜	n.s. n.s. n.s.	
専門科目の学習	(a) (b) (a)×(b)	n.s. n.s. n.s.	* *** n.s.	n.s. *** n.s.	n.s. ** n.s.	151, 194, 157
家庭での仕事の手伝い	(a) (b) (a)×(b)	# n.s. #	* * n.s.	# n.s. n.s.	n.s. n.s. n.s.	94
アルバイト	(a) (b) (a)×(b)	# n.s. n.s.	** n.s. n.s.	n.s. n.s. n.s.	n.s. * n.s.	118
ボランティア活動	(a) (b) (a)×(b)	** n.s. **↘＜	** # n.s.	*** n.s. ***↘＜	n.s. n.s. n.s.	
宗教的活動	(a) (b) (a)×(b)	n.s. n.s. n.s.	n.s. n.s. n.s.	n.s. n.s. n.s.	n.s. n.s. n.s.	
青少年組織の政治的活動	(a) (b) (a)×(b)	n.s. * n.s.	n.s. * n.s.	n.s. n.s. n.s.	* n.s. **↘×＞	21
進学する上級学校や大学への訪問	(a) (b) (a)×(b)	n.s. n.s. n.s.	** * n.s.	n.s. n.s. n.s.	n.s. n.s. n.s.	
学校の就職指導・進路指導	(a) (b) (a)×(b)	n.s. n.s. n.s.	n.s. n.s. n.s.	n.s. *** n.s.	n.s. # n.s.	166
労働行政（職安）の就職指導 ※アメリカなし	(a) (b) (a)×(b)	n.s. n.s. n.s.	* n.s. n.s.	n.s. * n.s.	n.s. # n.s.	26
課外の部活動	(a) (b) (a)×(b)	n.s. n.s. n.s.	* n.s. n.s.	n.s. n.s. n.s.	n.s. # n.s.	
テレビ番組や映画	(a) (b) (a)×(b)	n.s. n.s. n.s.	* n.s. n.s.	n.s. * n.s.	n.s. n.s. n.s.	
家の近くの事業所の見学	(a) (b) (a)×(b)	* # *↘＞	* n.s. n.s.	n.s. n.s. n.s.	n.s. * n.s.	
職業適性検査や興味検査	(a) (b) (a)×(b)	n.s. *** n.s.	* # n.s.	n.s. n.s. n.s.	n.s. n.s. n.s.	212

注：表7－8と同じ。
出典：表7－6と同じ，p.137

表7-10 仕事・職業を考えるきっかけとなる出来事を要因とする職業観4尺度の2回の反復測定の分散分析（日本以外5カ国）

出来事・体験内容	主効果・交互作用	自己実現・生活享受志向	社会・奉仕志向	経済・安定志向	リーダー・富有家志向	(b)体験の実数
普通教科での学習 アメリカ	(a) (b) (a)×(b)	*** *n.s.* *n.s.*	** *n.s.* *n.s.*	** <u>*</u> *n.s.*	*n.s.* *n.s.* *n.s.*	53
校外での体験学習・企業実習 ドイツ	(a) (b) (a)×(b)	*n.s.* *n.s.* *n.s.*	*n.s.* *n.s.* *n.s.*	* *n.s.* #	*n.s.* <u>*</u> *n.s.*	15, 15
専門科目の学習 韓国	(a) (b) (a)×(b)	*n.s.* *n.s.* *n.s.*	*n.s.* <u>*</u> *n.s.*	** *n.s.* *n.s.*	*n.s.* *n.s.* *n.s.*	27, 28
専門科目の学習 ドイツ	(a) (b) (a)×(b)	*n.s.* *n.s.* ＃	*n.s.* *n.s.* *↘>	＃ *n.s.* **↘>	*n.s.* *n.s.* *n.s.*	
専門科目の学習 インドネシア	(a) (b) (a)×(b)	* *n.s.* *n.s.*	*n.s.* *n.s.* *n.s.*	*n.s.* ＃ *n.s.*	* *n.s.* **↗<	
アルバイト 中国	(a) (b) (a)×(b)	＃ *n.s.* *n.s.*	** <u>*</u> *n.s.*	*n.s.* *n.s.* *n.s.*	*n.s.* *n.s.* ***	36
ボランティア活動 韓国	(a) (b) (a)×(b)	* *n.s.* *↘<	*n.s.* *n.s.* *n.s.*	*n.s.* *n.s.* *↗<	*n.s.* *n.s.* *↘<	
労働行政（職安）の就職指導 インドネシア	(a) (b) (a)×(b)	* *n.s.* *n.s.*	*n.s.* *n.s.* *n.s.*	*n.s.* <u>*</u> *n.s.*	*n.s.* <u>*</u> *n.s.*	13, 13
課外の部活動 韓国	(a) (b) (a)×(b)	*n.s.* <u>*</u> *↘>	*n.s.* *n.s.* *n.s.*	*n.s.* *n.s.* *n.s.*	*n.s.* ＃ *n.s.*	15
テレビ番組や映画 アメリカ	(a) (b) (a)×(b)	*** <u>*</u> *n.s.*	* * *n.s.*	*** *n.s.* *↘<	*n.s.* *n.s.* *n.s.*	31, 29

注：(a)は尺度（反復測定）の主効果，(b)は体験・非体験の主効果，(a)×(b)は交互作用。***はp<.001，**はp<.01，*はp<.05，＃はp<.10。アンダーラインは有意差有りで体験者得点が増加（反復），または2回目でも勝っている（非体験との間で）項目，後者の場合，横に実数。(a)×(b)が有意の場合，2回目得点が増大している場合↗，減少している場合↘，プラスイベント体験者の得点が大きい場合＞，小さい場合＜。
出典：元データから寺田作成

る（紙数の制約から，表は有意差のみ表示。日本は表7－8，日本以外5カ国は表7－10）。

4－3　交互作用

交互作用においては，有意な低下傾向が目立つ。6カ国全体の普通教科の学習（第4尺度），青少年組織の政治的活動（第4尺度），近所の事業所の見学（第

1尺度),ドイツの職業高校での専門学習の第2と第3尺度,日本の学校の就職指導の第3尺度,韓国の課外活動における第1尺度などである。

他方,インドネシアの職業高校での専門学習における第4尺度,韓国のボランティア活動における第3尺度では,有意な上昇傾向がみられた。

5. 考　察

5-1　職業観の変化について

キャリアモデルの有無との組み合わせによる反復測定と効果的キャリアイベントの選択・非選択との組み合わせによる反復測定において,アメリカ(第1と第3尺度),ドイツ(第2と第3尺度),中国(第2尺度)などにおいて,有意な低下傾向がみられた(表7-6参照)。これは,調査者としてはまったく意外なことであった。一般に,経年的に職業意識,職業観は向上するものとの常識的理解があるけれども,職業観は,実際の強さにおいて必ずしも単線的に向上しないということが改めて確認された。

宮内(1986)のかつてのケーススタディ,「空想」「興味」「価値」「能力」「外部要因」というキャリア発達(筆者なりにいえば職業的資質形成)の小学校生から大学生に至る追跡研究では,中学生ころから高校生にかけての段階では,能力形成よりも価値形成が,そして高校生段階では価値観に加わる形で能力形成の側面が重視されるようになることを指摘されていた(p.4)。他方,スーパー(Super, D. E.)の仕事観の15尺度(1970)などをベースにした中西・三川の研究(1988)では,就職後早い時期の20歳代に多くの価値下位尺度において高い得点を示すことを明らかにしている(pp.12-13)。さらに,労働政策研究・研修機構(佐藤舞)(2012)の世代間比較では職業価値観における達成感,社会的地位などの志向は年齢とともに高くなるけれども,成長とか人間関係の志向は20歳代をピークに低くなることを指摘していた(p.74)。

これら,職業観形成における世代別,学校別の現れ方の複合性,順次性に関する指摘をふまえて解釈すると,高校1年生のときは観という内面的な側面がやや前面に出ていたけれども,進学や就職を前にした高校3年生の時期には,

別の側面，むしろ，能力形成の側面（いわゆる発達における外的側面）が強く出てくるといえるのではないか。また，アメリカ，ドイツ，中国などでは，リーダー・富裕家志向は弱まることはないが，他の価値観の側面を殊更問題にしないといえる。また，普通系の生徒を含めて，キャリア教育・ガイダンス，インターンシップやドイツでは Betriebspaktikum と呼ばれる企業実習，政治教育や奉仕活動などのシステムが存在するこれら3カ国では，職業観の各尺度にみられるような志向は逆に弱まってしまうというようにも理解される。

他方，インドネシア（第1と第4尺度），日本（第1尺度），韓国（第3尺度）では，2年間の生活・学習活動の効果がみられた。インドネシアがアメリカとともに第4尺度で高い傾向を示すことは，寺田・紺田・清水（2012）でも確認されている。インドネシア，韓国の生徒は奉仕志向などよりも経済（発展）志向が強いことがうかがえる。日本の生徒の場合，唯一第1尺度において有意な増強傾向がみられた。筆者は，世界青年意識調査や自身の別途調査の結果を活用し，日本の青少年の「自己実現シンドローム」というべき現象の存在を指摘している（寺田，2008, p.56）。

5－2　キャリアモデルの役割

では，職業観との関係が問題になる別の側面，能力形成や仕事世界への準備の側面ではどのようなことがいえるのであろうか。

まず，キャリアモデルの有無の職業観形成効果についてである。ここでは，おもに表7－6と表7－7のキャリアモデルの主効果検定結果に即して考察する。表7－6が示すように，アメリカでは，第2尺度において，プラスモデルのみ有が両方のモデルとも無に対して有意に高かった。アメリカ（オハイオ州都コロンバス市近郊のベッドタウン）の高校生にはミドルクラスの生徒が多いけれども，筆者が2回のパネルアンケート調査の中間にあたる2011年3月に若干の生徒・保護者に行ったインタビュー調査結果から，生徒の多くが，週末の土曜日にはアルバイトをし，日曜日には教会の奉仕活動に関わるという生活文化がそのことと関係しているように思われる。表7－11に示されるように，

父（114人中45人，39.5％），母（114人中48人，42.1％），学校の教師（114人中33人，28.9％）をプラスモデルとして選択する率が高かった。家庭や教師との絆が強くみえる。このような生徒は，社会とか奉仕ということに強い志向を示す（寺田・清水・山本，2013a）。

アメリカ以上に，キャリアモデルの促進効果がみられるのが日本である。経済・安定志向では，マイナスモデルのみ有が両方有に勝るというややイレギュラーな結果が出ているが，これはむしろ経済・安定志向はキャリアモデルの有無にそれほど影響されないことを意味するものと解釈される。他方，第1尺度と第2尺度では，プラスモデルのみ有が両方無や両方有に対して，つまりマイナスモデルがなんらかの形で有の者に対して有意に高かった。ここでの事実からは，いわゆる「清濁併せ呑む」タイプよりも，プラスのみが効果的であるという結果になる。

表7－11にあるように，なるほど，日本の生徒のモデル選択において父親がもっとも数が多かった（全回答者241人，選択者114人中33人）が，そのことが2つの尺度における有無の効果に影響しているといえる。しかし，その父親にしても，241人中ではわずか13.7％の生徒によってしか選択されていない。母親は241人中ではわずか12人（5.0％），兄弟・姉妹でも241人中では14人（5.8％）と家族の影響が低く，かといって先輩（11人／241人，4.6％）も友人（13人／241，5.4％）もアルバイト先の上司（9人／241人，3.7％）もそれ以上に低い。わが国の生徒は今回の調査協力者の範囲では，極めて身近な存在の影響が弱いか，あるいはそれらに対して拒否的である，還元すれば「自分で決める」ということにこだわる傾向があるといえよう（同上，2013b）。

5－3　キャリアイベント（さまざまな生活・学習活動）の役割

本縦断研究の主要目的に関わって，いったいいかなる生徒の生活・学習活動が彼・彼女らの職業観形成に効果的なのかということを考察したい。

表7－9（6カ国全体）の出来事の認識体験の有無と職業観尺度との2要因分散分析結果から，とくに，第1と第2尺度に対する普通教科での学習の反復

表 7-11 国別のキャリアプラスモデル

影響をうけた人物 (P)		国						合計	χ^2 検定
		ドイツ	インドネシア	日本	韓国	中国	アメリカ		
父	非選択	14 29.8%	35 22.4%	81 71.1%	107 71.3%	198 85.0%	44 49.4%	479 60.7%	
	選択	33 70.2%	121 77.6%	33 28.9%	43 28.7%	35 15.0%	45 50.6%	310 39.3%	
	合計	47 100.0%	156 100.0%	114 100.0%	150 100.0%	233 100.0%	89 100.0%	789 100.0%	$p < .001$
母	非選択	10 21.3%	34 21.8%	102 89.5%	94 62.7%	214 91.8%	41 46.1%	495 62.7%	
	選択	37 78.7%	122 78.2%	12 10.5%	56 37.3%	19 8.2%	48 53.9%	294 37.3%	
	合計	47 100.0%	156 100.0%	114 100.0%	150 100.0%	233 100.0%	89 100.0%	789 100.0%	$p < .001$
兄弟姉妹	非選択	30 63.8%	106 67.9%	100 87.7%	130 86.7%	213 91.4%	71 79.8%	650 82.4%	
	選択	17 36.2%	50 32.1%	14 12.3%	20 13.3%	20 8.6%	18 20.2%	139 17.6%	
	合計	47 100.0%	156 100.0%	114 100.0%	150 100.0%	233 100.0%	89 100.0%	789 100.0%	$p < .001$
学校の教師	非選択	36 76.6%	119 76.3%	99 86.8%	113 75.3%	215 92.3%	56 62.9%	638 80.9%	
	選択	11 23.4%	37 23.7%	15 13.2%	37 24.7%	18 7.7%	33 37.1%	151 19.1%	
	合計	47 100.0%	156 100.0%	114 100.0%	150 100.0%	233 100.0%	89 100.0%	789 100.0%	$p < .001$
先輩	非選択	40 85.1%	139 89.1%	103 90.4%	140 93.3%	224 96.1%	86 96.6%	732 92.8%	
	選択	7 14.9%	17 10.9%	11 9.6%	10 6.7%	9 3.9%	3 3.4%	57 7.2%	
	合計	47 100.0%	156 100.0%	114 100.0%	150 100.0%	233 100.0%	89 100.0%	789 100.0%	$p < .001$
友人	非選択	18 38.3%	94 60.3%	101 88.6%	106 70.7%	200 85.8%	59 66.3%	578 73.3%	
	選択	29 61.7%	62 39.7%	13 11.4%	44 29.3%	33 14.2%	30 33.7%	211 26.7%	
	合計	47 100.0%	156 100.0%	114 100.0%	150 100.0%	233 100.0%	89 100.0%	789 100.0%	
アルバイト先の上司	非選択	47 100.0%	156 100.0%	105 92.1%	148 98.7%	224 96.1%	83 93.3%	763 96.7%	
	選択	0 0.0%	0 0.0%	9 7.9%	2 1.3%	9 3.9%	6 6.7%	26 3.3%	
	合計	47 100.0%	156 100.0%	114 100.0%	150 100.0%	233 100.0%	89 100.0%	789 100.0%	

出典:寺田・清水・山本,2013b,p.139 を再計算

効果が，第1尺度を除く3つの尺度において職業高校での専門学習の有意な反復効果が確認された。普通教科での学習に関しては，アメリカの第3尺度で有意な効果が確認されている。また，職業高校での専門学習，つまり当然のこととはいえ職業教育の職業観形成における有意な反復効果が6カ国全体の第2から第4尺度で，また韓国の第2，第3尺度で確認された（表7－10）。これらの事実には相当根本的な問題が潜んでいるといわねばならない。つまり，学年を経るに従い，生徒はいわゆる体験型のキャリア教育以上に，高等教育進学のために，また就職のために普通・アカデミック教科や職業専門教科の学習に集中する。そのことによって，結果的に職業観形成・職業意識の強化が引き起こされているといえる。表7－12と表7－13が示すように，普通校の生徒は職業校の生徒以上に普通教科の意義を，一部の信頼性に欠ける回答があるにせよ，ほぼすべての職業校の生徒が自らがまなぶ職業教育の意義を肯定的に評価している。

　そのほか，さすがに進学系の普通中学校・高校（ギムナジウム）にも企業実習が課されるドイツの生徒に関しては第3尺度において有意な反復効果が実証されている。また，アルバイトの効果に関しては，6カ国全体の第4尺度と韓国の第3尺度で有意であった。その韓国のアルバイトに関して，2010年10月に6つの家族に対して行った保護者・生徒インタビュー調査で，普通科生徒は勉強オンリーの生活を続けているが，職業校の生徒はアルバイトや遊びに精を出すという「自由な」生活を送っていることにみられる事実が背景にある。しかし，アルバイトは仕事世界にもっとも近いはずの活動であるにもかかわらず，それほど職業観形成効果がみられないということのほうに注目すべきであるかもしれない。

　さらに，学校の就職指導の効果は6カ国全体と日本，韓国の第3尺度で，つまり経済・安定志向に限って，それぞれ有意な反復効果を示したことの説明も重要である。とくに日本モデルというべきか，アジアモデルというべきか，概して中国を含むアジア諸国では日本，韓国，中国という順で，学校が生徒の卒業後の就職に責任を有する機能が強い。彼らは，専門職業教科とともに，ある

表7－12　普通教科の学習効果の選択・非選択

国		学校種		合　計	χ^2検定
		普通系	職業系		
ドイツ	非選択　度数 　　　　% 選択　　度数 　　　　% 計　　　度数 　　　　%	18 69.2% 8 30.8% 26 100.0%	17 68.0% 8 32.0% 25 100.0%	35 68.6% 16 31.4% 51 100.0%	n.s
インドネシア	非選択　度数 　　　　% 選択　　度数 　　　　% 計　　　度数 　　　　%	15 15.2% 84 84.8% 99 100.0%	57 100.0% 0 0.0% 57 100.0%	72 46.2% 84 53.8% 156 100.0%	検定せず
日　本	非選択　度数 　　　　% 選択　　度数 　　　　% 計　　　度数 　　　　%	64 70.3% 27 29.7% 91 100.0%	118 90.1% 13 9.9% 131 100.0%	182 82.0% 40 18.0% 222 100.0%	$p<0.001$
韓　国	非選択　度数 　　　　% 選択　　度数 　　　　% 計　　　度数 　　　　%	92 80.7% 22 19.3% 114 100.0%	92 89.3% 11 10.7% 103 100.0%	184 84.8% 33 15.2% 217 100.0%	$p<0.1$
中　国	非選択　度数 　　　　% 選択　　度数 　　　　% 計　　　度数 　　　　%	62 54.9% 51 45.1% 113 100.0%	90 75.0% 30 25.0% 120 100.0%	152 65.2% 81 34.8% 233 100.0%	$p<0.01$
アメリカ	非選択　度数 　　　　% 選択　　度数 　　　　% 計　　　度数 　　　　%	26 36.1% 46 63.9% 72 100.0%	25 61.0% 16 39.0% 41 100.0%	51 45.1% 62 54.9% 113 100.0%	$p<0.01$
合　計	非選択　度数 　　　　% 選択　　度数 　　　　% 計　　　度数 　　　　%	277 53.8% 238 46.2% 515 100.0%	399 83.6% 78 16.4% 477 100.0%	676 68.1% 316 31.9% 992 100.0%	$p<0.001$

注：インドネシアの1セルに度数0があるので，検定せず。
出典：表7－6と同じ，p.140

表7-13 専門科目の学習効果の選択・非選択

国			学校種 普通系	学校種 職業系	合 計
ドイツ	非選択	度数	24	6	30
		％	92.3％	24.0％	58.8％
	選択	度数	2	19	21
		％	7.7％	76.0％	41.2％
	計	度数	26	25	51
		％	100.0％	100.0％	100.0％
インドネシア	非選択	度数	99	7	106
		％	100.0％	12.3％	67.9％
	選択	度数	0	50	50
		％	0.0％	87.7％	32.1％
	計	度数	99	57	156
		％	100.0％	100.0％	100.0％
日 本	非選択	度数	87	101	188
		％	95.6％	77.1％	84.7％
	選択	度数	4	30	34
		％	4.4％	22.9％	15.3％
	計	度数	91	131	222
		％	100.0％	100.0％	100.0％
韓 国	非選択	度数	113	72	185
		％	99.1％	69.9％	85.3％
	選択	度数	1	31	32
		％	.9％	30.1％	14.7％
	計	度数	114	103	217
		％	100.0％	100.0％	100.0％
中 国	非選択	度数	101	81	182
		％	89.4％	67.5％	78.1％
	選択	度数	12	39	51
		％	10.6％	32.5％	21.9％
	計	度数	113	120	233
		％	100.0％	100.0％	100.0％
アメリカ	非選択	度数	69	18	87
		％	95.8％	43.9％	77.0％
	選択	度数	3	23	26
		％	4.2％	56.1％	23.0％
	計	度数	72	41	113
		％	100.0％	100.0％	100.0％
合 計	非選択	度数	493	285	778
		％	95.7％	59.7％	78.4％
	選択	度数	22	192	214
		％	4.3％	40.3％	21.6％
	計	度数	515	477	992
		％	100.0％	100.0％	100.0％

注：普通系の生徒22人が選択しており，願望が含まれているので，検定せず。
出典：表7-6と同じ，p.141

いはそれ以上に最終学年において学校や教師の就職指導を通してみずからの仕事・職業への見方・価値観を形づくっていくのである。

6．まとめ

およそ4年半にわたる本章の研究，本書では第6章と本章（第7章）を通じて得られる結論を端的に示せば，以下の3点である。

第1に，職業観形成というものは単調に，右肩上がりに向上しつづけるものでないばかりか，逆にある時期，とくに卒業を迎えるにつれて後続の進路との関係で，職業意識・価値観そのものが低下する局面さえみられる。したがって，職業的資質をトータルに，しかも生涯職業発達というより長いスパンのなかで各世代を通して検討すべきことを示している。

第2に，キャリアモデルの職業観形成効果に関しては，各国あるいは各階層の文化的特性の役割が改めて確認された。キャリア教育というと，ともすると学校の，あるいは学校と企業とによるそれが前提とされるが，家族（文化），教師（文化），学校制度（文化），まとめていえば教育文化の役割が重要になる。

第3に，第1の点に関連して，学年を経るに従い，生徒の主要な活動である学習（普通教科か職業教科のそれ）が前面に出てくるようになり，そのような授業の職業観形成効果により注目せねばならないこと，もう1つは生徒・若者の職業観形成は，それ自体だけでなく，職業能力形成や職業モチベーションの形成をも視野に入れて理解せねばならないことを指摘しておく。

参考文献
安藤直樹・広岡秀一・小川一美・坂本剛・吉田俊和（2002）「大学生の適応過程に関する縦断的研究(3) ―大学生の職業観に関する4年間の追跡調査―」『名古屋大学大学院教育発達科学研究科紀要』（心理発達科学）48, 45-54.
東清和・安達智子（2003）『大学生の職業意識の発達』学文社.
Duane, B.（2002）The role of work and cultural values in occupational choice. *Journal of Counseling and Development*, 80, 48-56.
―――（1921）*Lebensformen; Geisteswissenschaftliche Psychologie und Ethik der Persönlichkeit*, Verlag MaxNiemeyer.
Erik, J. P.（2008）The dynamic between work values and part-time work experiences

across the high school years, *Journal of Vocational Behavior*, 73, 143-158.
藤本喜八・阿部謙一（1988）「職業（労働）価値観の測定法の標準化（その６）」日本進路指導学会『進路指導研究』第９号．
Ginzberg, E. et al.（1951）*Occupational Choice; An Approach to a General Theory*, Columbia University Press, New York and London.
花井友美（2007）「『価値観』をめぐる諸研究―国家・民族・時代による価値観の違い―」東洋大学『エコ・フィロソフィ』研究第１号．
樋田大二郎他（2000）『高校生文化と進路形成の変容』学事出版．
廣井甫（1976）「職業観の意味ならびに発達形成について」日本職業指導協会『職業観の発達と指導』．
本庄良邦（1967）「正しい職業観の確立」本庄良邦『職業教育論』佛教大学通信教育部，pp.186-200．
Jin, J. & Rounds, J.（2012）Stability and Change in Work Values: A Meta-Analysis of Longitudinal Studies. *Journal of Vocational Behavior*, 80, 326-339.
陣内靖彦（1978）「職業観の形成と変容」岩内亮一編『職業生活の社会学』（第２版），学文社．
Kirpatrick, M. J.（2002）Social Origins, Adolescent Experiences, and Work Value Trajectories during the Transition to Adulthood, *Social Forces*, 80-4, 1307-1340.
Kirpatrick, M. J. & Elder, J. G（2002）Educational Pathways and Work Value Trajectories, *Sociological Perspectives*, 45-2. 113-138.
倉内史郎（1975）「職業観の形成」宮地誠哉・倉内史郎編『現代技術と教育４　職業教育』開隆堂，pp.8-11．
小杉礼子（2003）『フリーターという生き方』勁草書房．
小林達夫（1979）「進路指導と職業観」『進路指導の理論的基底の研究』風間書房，第３章．
雇用開発センター（2002）『新世代と職業観とキャリア』．
宮内博（1986）「青年期のキャリア意識の発達プロセスの実証的研究」日本進路指導学会『進路指導研究』第７号．
三好美浩・吉野諒三（2005）「東アジアの職業観―日本・中国・台湾・韓国の比較―」『行動計量学』第32巻第２号．
村上英治（1955）「職業観形成に関する研究（Ⅱ）」『名古屋大学教育学部紀要』第１巻．
森光雄（1972）「職業観と教育」『職業観』（進路指導シリーズ）日本職業指導協会 28, 4．
中西信男・三川俊樹（1988）「職業（労働）価値観の国際比較に関する研究―日本の成人における職業（労働）価値観を中心に―」日本進路指導学会『進路指導研究』第９号．
野淵龍雄（1998）「職業観形成に関する一考察―学校進路指導の改善に向けて―」『桐山学園大学研究論集』第29号（社会科学編）．
尾嶋史章編（2001）『現代高校生の計量社会学―進路・生活・世代―』ミネルヴァ書房．
尾高邦雄（1941）『職業社会学』岩波書店．
―――（1944）『職業観の変革』河出書房．
―――（1970）『職業の倫理』中央公論社．
労働政策研究・研修機構（佐藤舞）（2012）「職業興味と職業価値観：仕事に関する指向性の検討」労働政策研究・研修機構『労働政策研究報告書』146, 62-78．

Rosenberg, M.（1957）*Occupations and Values*, The Free Press, Glencoe, Illinois.
Shimizu, Kazuaki & Schulenberg, J. et al.（1990）A Comaparison between American and Japanese Students' Work Values, *Journal of Vocational Behavior 36*.
Spranger, E.（1914）*Lebensformen; Frühfassung in der Festschrift für Alois Riehl*, Verlag Max Niemeyer.
Super, D.E.（1970）*Work Values Inventory*. Houghton Mifflin Company, Boston.
寺田盛紀（2004）「普通科高校生の大学への移行・進学過程―職業選択・職業観形成との関連で」『キャリア形成・就職メカニズムの国際比較―日独米中の学校から職業への移行過程―』晃洋書房
─── （2008）「わが国におけるキャリア教育の課題―若干の通説的理解を見直す」『日本労働研究雑誌』No.573, 54-57.
─── （2009）「職業観形成の比較教育文化的研究（1）―日・中・韓・印ネの高校3年生の進路形成と職業希望の様態―」『名古屋大学亜大学院教育発達科学研究科紀要』（教育科学）第56巻第1号, 1-18.
寺田盛紀・紺田広明・清水和秋（2012）「高校生の職業観形成とその要因に関する比較教育文化的研究―6か国における第10年生に対するアンケート調査結果の分析から―」日本キャリア教育学会『キャリア教育研究』31, 1-13.
寺田盛紀・清水和秋・山本理恵（2013a）「6か国における高校生の職業観とキャリア経験の変化に関する縦断的研究―高校生の職業観形成に関する比較教育文化的研究(3)」『生涯学習・キャリア教育研究』第9号.
─── （2013b）同上(4)『名古屋大学大学院教育発達科学研究科紀要』（教育科学）第60巻第1号.
続有恒（1955a）「職業観の形成に関する研究(I)」『名古屋大学教育学部紀要』1, 101-108.
─── （1955b）「職業観の形成に関する研究(Ⅲ)」『名古屋大学教育学部紀要』1, 116-119.
─── （1956）「職業観の形成に関する研究(V)」『名古屋大学教育学部紀要』2, 79-95.
Vondracek, F. W., Shimizu, K., Schulenberg, J., Hostetler. M., & Sakayanagi, T.（1990）A comparison between American and Japanese students' work values. *Journal of Vocational Behavior*, 36, 274-286.

第8章
高校生の職業観形成に対する教育・生活活動の作用
―日・独・韓3カ国における高校3年生の生活時間の事例調査結果から―

　本章は，第6章（寺田，2009），第7章（寺田，2009／2012／2013a）で示した「高校生の職業観形成に関する比較教育文化的研究」に関する高校生の職業観形成に関する統計的，因子分析的検討を補うために，生徒の日常の生活活動の内容，その生活・学習教育活動への影響をトータルに注目しようとするものである。

1．比較縦断アンケート調査から抽出された若干の論点

　まず，本章での分析との関連で，前章および寺田・清水・山本（2013b，p.131-132）において，2009年と2011年のパネル調査結果（表8－1）の分析から明らかにしえた主なことがらを改めて摘記する。

　職業観自体の反復効果という点では，アメリカの第1尺度（自己実現・生活享受志向），ドイツと中国の第2尺度（社会・奉仕志向）などの反復主効果において有意な低下傾向がみられた。他方，インドネシアの第1尺度，第4尺度（リーダー・富有家志向），日本の第1尺度，韓国の第3尺度（経済・安定志向）の反復主効果では有意に向上している。

　効果的出来事の有無の効果という点では，6カ国全体では，普通教科での学習（第1と第2尺度），職業高校での専門学習（第2から第4尺度），アメリカの普通教科での学習（第3尺度），テレビ・映画（第1と第2尺度），ドイツの校外体験学習・企業実習における第3尺度，インドネシアの労働行政の就職指導における第3と第4尺度，日本の学校の就職指導における第3尺度，韓国の職業高校での専門学習における第2と第3尺度，中国のアルバイトにおける第2と

第4尺度などの主効果において，有意なプラス効果がみられた。

また，交互作用という点では，有意な低下傾向が目立つけれども，インドネシアの職業高校での専門学習における第4尺度，韓国のボランティア活動における第3尺度では，有意な上昇傾向がみられた。

このように，とくに効果的な生活・学習活動という点で，国，各因子ごとにその現れは異なるが，普通教科や職業教科の学習，校外・企業体験学習，就職指導，それに加えて主に家庭での余暇の過ごし方やアルバイトなどにも注目すべきことがわかっている。

表8－1　高校生の職業観形成に関する比較縦断アンケート調査の結果
（2009年第1回調査と2011年第2回調査の平均値比較：4件法）

		第1回	第2回	N	t検定
自己実現・生活享受志向	日　本	3.03	**3.14**	223	＊＊
	韓　国	3.37	3.33	257	
	中　国	3.19	3.14	224	
	インドネシア	3.67	**3.72**	155	＊＊
	ドイツ	3.1	**3.11**	48	
	アメリカ	3.39	3.16	111	＊＊＊
社会・奉仕志向	日　本	2.94	**3.01**	221	
	韓　国	3.13	3.11	254	
	中　国	3.28	3.12	220	＊＊＊
	インドネシア	3.63	**3.66**	149	
	ドイツ	2.91	2.73	48	＊
	アメリカ	3.11	2.95	110	＊＊
経済・安定志向	日　本	3.33	**3.34**	224	
	韓　国	3.2	**3.36**	261	＊＊
	中　国	3.29	3.25	228	
	インドネシア	3.59	3.56	153	
	ドイツ	3.43	3.26	50	＊＊
	アメリカ	3.35	3.21	111	＊＊
リーダー・富有家志向	日　本	2.77	**2.81**	225	
	韓　国	3.04	**3.07**	261	
	中　国	3.14	3.03	227	＊
	インドネシア	3.18	**3.33**	152	＊＊＊
	ドイツ	2.77	**2.79**	50	
	アメリカ	3.42	3.37	113	

注：対応のあるt検定：0.1％水準＊＊＊，1％水準＊＊，5％水準＊。上昇変動は太字，Nの数字は反復分散分析の欠損のなかった数である。

2．子ども・高校生の生活時間研究（Time Budget Survey）

　そうすると，生徒の職業観形成や職業・進路選択にとって，彼/彼女らの生活・学習活動全体のなかでそれらを観察し分析することが必要なことに気づかされる。寺田（2009）では，おもに学校でのキャリア学習経験に注目し，各国・各高校の担当教師にインタビューを行ったが，ここでは，生徒自身の生活・学習活動の日常に注目し，生活時間（の使い方）の実態に迫ることにした。いわゆる生徒たちの time budget あるいは time allocation のなかで，職業やキャリアに関連づけようとする調査研究である。

2－1　生活時間研究一般の方法

　生活時間研究一般，とくに社会的，経済的視点からのこれまでの研究やその方法に関しては，矢野らの著作（矢野，1995）の第1章および第2章で尽くされている。そのような視点からの代表的成果として，ハンガリー人であるザライの1966年における呼びかけに始まった国際比較調査の集大成が *The Use of Time*（Szalai, A., 1972）である。

　そのザライの方式，つまり回答者の生活時間が1日24時間になるようにあらかじめ質問紙に10分刻みの時刻目盛り方式で生活の場所，移動の分類ワードを示し，かつ一次行動（主たる生活活動）とともに二次行動（「ながら行動」やそのとき一緒にいた人の分類ワードをも示したプリコード方式調査（自由記述方式はアフターコード方式）を適用した，本格的調査が原・矢野らが主宰した経済企画庁の調査（経済企画庁，1975）である。この調査は18歳以上の男女に対する日記法と面接法を使用し，平日と日曜日に回答者を分けて，国際比較の視点から主として成人の労働時間，家事時間，生理的必要時間，自由時間，マスコミ接触時間，対人接触時間を調査したものである。

　それより前，1960年以降，アフターコード方式，面接法を使ったNHK放送文化研究所による全国的調査が5年ごとに，そして1995年以降はプリコード方式で行われている。最新の2010年調査（NHK放送文化研究所，2011）は平日，

土日の連続2日間の生活時間に関して，層化無作為2段抽出法により抽出された10歳以上の男女7200人に対する15分刻みの時刻目盛り日記式調査を行っている。大分類である拘束行動（仕事，学業など），自由行動（レジャー，マスメディア接触など），必需行動（睡眠，食事など）の回答結果から，曜日別，男女別，カテゴリー別に，そして15年前との比較がなされている。

上記経済企画庁の調査を政府レベルで継承する形で，総務省が1976年以降5年ごとに，そして2001年以降はプリコード方式（A票）とアフターコード方式（B票）の2票を使った，世帯主および10歳以上世帯員に対する社会生活基本調査のなかで生活時間調査を行っている（総務省統計局，2013）。

そのほかに，学問的な研究成果としては，矢野らの一連の研究に加えて，労働時間・家事労働の視点からの伊藤セツ・天野寛子らの生活福祉的調査研究（2005）もある。

2－2　生徒の生活時間調査

他方，本章の課題である高校生を含む子ども・青少年の生活時間，それは多かれ少なかれ彼／彼女らの学習時間，あるいはそれ以外の生活活動とのバランスに注目した調査・研究も存在する。

比較的大がかりな継続的調査として，1982～1992年まで5年おきに，それ以降は10年おきに行っているNHK放送文化研究所の中学生・高校生のおもに意識調査のなかでの学習時間とテレビ視聴やインターネット利用の実態調査（NHK放送文化研究所，2013），そしてベネッセ教育総合研究所の小・中・高校生の放課後の生活時間調査（2009）がある。前者は学校外の勉強にどれくらいの時間を使っているかを選択式で問う調査である。後者は総務省統計局の社会生活基本調査やNHK放送文化研究所の国民生活時間調査の方法を取り入れた本格的なものである。小学校5年生から高校2年生に対して平日（11月10日月曜日から11月14日金曜日のうち1日を選んで）24時間を15分刻みで問うプリコード式の郵送法・自記式調査である。それによって，子どもの生活行動パターン，時間の過ごし方と時間に対する意識・ストレスを解明しようとしている。

時間の「やりくり上手」が育っていないとか，家庭での「段取り」文化が消えてきたこと，時間のコントロールができなくなっていることなど，ある意味でありきたりなネガティブ現象が明らかにされている。

　より学術的な調査研究としては，教育社会学分野に若干見られる。学習時間という「努力」の階層差を暗にメリトクラシーと関連づけようとした苅谷の研究（2000），上記のベネッセの調査を主宰解説し，「出身階層からやや切り離された形で，自立学習などに代表される子どもの勉強スタイルが，成績向上にポジティブな効果をもたらす」（「親が言わなくても子どもは自分から勉強する」）ことの重要性を指摘した明石要一らの研究（2009）がある。前者は，学習時間を記入させた方法が不明であるが，1979年時点と1997年時点の同一高校の生徒に対して学習時間を「しない」「30分以下」「30－60分」，以下1時間刻み，「4時間以上」で問う比較調査である。それら学習時間を従属変数とする重回帰分析の結果，母親の学歴，高校ランクなどの変数が有意な正の効果を示したという。

　しかし，これらはほぼすべて，一人の人間に対するある平日か土日の生活の断片だけを切り取って回答を求めるか，学習時間をいくつかのランクを示して選択させるかの調査であり，平日から土日にいたるまでの生活の過ごし方を問うものではなく，ましてや本章が問題にするように，学業成績とはある意味では対極にあり，より包括的な発達課題である，進路や職業観の形成との関連づけに注目したものではない。また，逆に，キャリア発達において生徒の生活時間の質に注目した研究もあまりみられない。例えば，アメリカのキャリア発達に関する専門誌である *Journal of Vocational Behavior* の2009年以降の記事を検索しても"time budget"や"time using"そのものをキーワードとする研究は皆無であった。また，旧日本進路指導学会がキャリア教育学会に名称変更した2005年以降だけをみても，同学会誌である『キャリア教育研究』（年2回刊）の誌面にその類いの研究論文は存在しない。

3．調査方法・課題

3-1　調査目的・時期・対象

　ここでは，生徒の生活時間，ただし，大規模な先行諸調査のように，特定の平日や土日だけのそれを聞くのではなく，最近の1週間のすべての日について記述を求め，よりトータルな週間生活を知り，そのなかで将来の進路や職業観形成に関わる活動要素を比較教育文化的に抽出しようとするものである。

　今回の筆者の生活時間調査は，もともとは2009年（第1回）と2011年（第2回）に行った高校生1～3年生にかけての職業観形成に関する縦断的国際（6カ国）比較研究の一環として，そのアンケート調査参加者に対する個別筆記調査として2011年中に実施することを企画したものである。しかし，それが叶わず，調査は2012～2013年にかけて，ドイツ（2012年6月），韓国（2012年7月），日本（2013年11月）に関してのみ，断続的に行われた。

　大規模の調査ができなかったので，対象は，3カ国で協力の得られた高校（ドイツはギムナジウム）の3年生（ドイツの場合12年生）男女若干名に対しての事例調査である。当初，各国とも普通系高校生と職業系の高校生を対象としていたが，ドイツに関しては日韓両国との比較可能性からフルタイムの職業高校が一般的ではないこともあり，普通ギムナジウムのみとした。各国普通系，職業系各1校の男女数名ずつの事例調査なので，とても各国高校3年生の全貌を観察できないけれども，それらの断片は抽出しうるものと考えた。

表8-2　調査対象校・生徒の内訳

国	学校種	地域・特性	男子	女子
ドイツ	普通ギムナジウム	ノルトライン・ヴェストファーレン州農村部	1人	4人
韓　国	私学普通科進学校	ソウル市内	5人	
	私学普通科進学校	ソウル市内		4人
	公立工業高校	ソウル市内	4人	1人
日　本	公立普通科進学校	愛知県内	3人	3人
	公立工業高校	愛知県内	5人	2人

3−2　調査の方法・項目

　この種の先行研究を見ることができないなかでの探索的調査研究であるので，基本的な生活行動のみを例示して，一次行動の抽出に重点をおき，いわば「半プリコード式」調査とした。図8−1は，最初の調査地点であった，ドイツ・ノルトライン・ヴェストファーレン州のギムナジウム（デュッセルドルフの南西部のオランダ国境に近い町）で使った独語版の調査票である。独語版は，和文元版をもとに筆者がドイツ語訳草案をデュイスブルグ・エッセン大学東アジア研究所情報技術補佐員である Harald Krähe 氏に示し，彼とともに作成したものである。韓国語版は日本語を介して忠南大学校学校師範大学の李明薫（イーミョンフン）准教授が翻訳した。

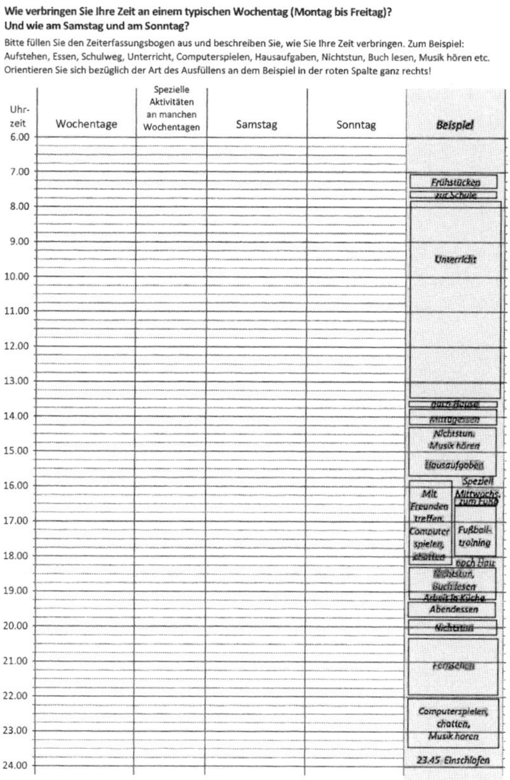

　記入データに関して，あらかじめ用意されたカテゴリーごとに，またそうでない記入項目に関しても適宜カテゴリーを与え，国別，学校種別，男女別に平均分時間と人数（例えば 350＝4）で集計した。さらに，食事や何もしないくつろぎの時間はさまざまな自由行動（二次行動，三次行動）を伴うことが多く，第一次行動に加えてそれらを抜き書きし，各表の該当欄に記すことにした。

図8−1　生活時間記入調査票（ドイツ語版）

4．結果：高校生の生活時間の実態

4-1　日本の普通校生と工業校生

まず，日本の愛知県内の高校生の生活時間（表8-3）について，平日，週末ごとに，学校種，男女の比較をしてみる。

(1) 平　日

もっとも目立つことは，やはり普通校の生徒は，男女とも食事などの義務的生活時間や課外活動，さらに自由時間行動を最小限にして，それらを自宅学習や塾の授業（女子1人だけ）に振り向ける。女子の塾授業を含めれば，それらの学習時間は5時間ちかくになる。

他方，工業校の生徒は男女とも義務的生活時間をゆったり取ったうえで，テレビ視聴・PCや何もしない時間を数時間使う。男子では，1人だけであるが，課外活動（スポーツ）に取り組む生徒もいる。

(2) 週　末

平日の傾向は，週末にいっそう強化される。普通校生徒は睡眠，食事などに平日より各1，2時間多く取りつつ，自宅学習と塾での学習に合わせて8～10時間程度を消費する。進学系の普通校生徒では塾に通う生徒はわずかしかなく，ほとんどが自主家庭学習である。また，平日にできない自由行動は週末に一定確保される。男子生徒で勉強の合間に30分ずつ断続的に行う運動，女子の団欒（夕食とともに）などが目立つ。また平日も一人みられるが，朝食の二次行動として新聞を読んだりする生徒が複数存在する。

工業校の生徒の場合，平日よりも週末に少しまとまって，2時間前後学習する生徒が複数みられる。また，工業校の男女の多数が，TV・PC・スマートフォンに6時間以上を使い，何もしない（じつは音楽やスマホの二次行動を伴っている）時間を多くもっている。

(3) アルバイト・ボランティア・家事など

家事はほとんどなされていないが，家族との団欒の時間などに多少の後片付け仕事などが行われていると推測される。職業観形成という点で注目したいの

表8-3 日本の高校3年生の生活時間（平均分時間・行為者数：普通校：男子3人、女子3人、工業・電子校：男子5人、女子2人）

曜日	校種・性別	一次行動 食事・風呂等義務的	学校・授業 長時拘・三次	課外活動	塾	自宅学習	自由時間 TV・PC等	新聞・読書	友達	スポーツ	音楽	何もしない	家族団欒	他	家事・アルバイト ボランティア	就寝	二次・三次行動
平日	普通男子	75=3①	435=3	142.5=2	0	0	275=3	30=1	0	0	30=1	0	60=1	0	0	405=3	風呂+TV=1、音楽+ゲーム=1
平日	普通女子	130=3	415=3	55=3	0	225=1	201.6=3	0	30=1	0	0	60=1	0	30=1	0	360=3	夕食+団欒=1、朝食+新聞=1
平日	工業男子	111=5	420=4	0	225=1	0	45=2	225=4	0	0	0	60=1	135=1	0	0	402=5	TV等の1人は510分を携帯+映画=1 漫画60=1
平日	工業女子	157.5=2	420=4	45=1	0	0	60=1	135=2	0	0	0	0	90=1	0	部活120=1	375=2	TV+スマホ+団欒、何もしない+スマホ、PC+TV
平日特定日	普通男子										180=2						
普通校記述無	普通女子														バイト240=1		
土曜日	普通男子	120=3②	0	510=1	0	0	528=3	60=1	30=1	0	120=1	0	60=1	0	30=1	0	474=5	風呂+TV=1、音楽+ゲーム=1
土曜日	普通女子	173.3=3	155=3	37.5=3	240=1	0	255=3	0	60=1	0	0	30=1	0	30=1	0	90=1	0	420=2	夕食+団欒=1、朝食+新聞=1、夕食+TV=1
土曜日	工業男子	132=5	0	0	240=1	0	30=1	310=3	0	0	0	0	0	0	435=2	家事60=1	462=5	TV+手伝い+趣味=1、TV+漫画+携帯=1、日は友達と外昼食、何もしないの1人600分は音楽、98他
土曜日	工業女子	187.5=2	0	0	0	0	180=1	347.5=2	0	240=1	0	0	60=1	0	60=1	0	435=2	PC等の1人は465分の TV+音楽 バイト420=1
日曜日	普通男子	120=3②	570=1	0	0	0	490=3	45=1	0	180=1③	30=1	0	60=1	0	30=1	0	480=5	風呂+TV=1、音楽+ゲーム=1
日曜日	普通女子	170=3	0	0	510=1	0	505=3	75=1	0	60=1	60=1	0	60=1	45=2	0	435=2	夕食+団欒=1、朝食+新聞=2、夕食+TV=1
日曜日	工業男子	144=5	0	165=1	0	0	105=2	339=5	0	300=1	195=2	0	510=1	0	教会90=1	0	480=5	TV等の1人80分を+漫画+携帯、何無1人の510分は+音楽
日曜日	工業女子	147.5=2	0	0	0	0	60=1	180=1	0	0	0	0	240=1	0	150=1	バイト570=1	435=2	何無240の1人は+スマホ、他1人150は趣味、TV等1人180は+PC+音楽

注：①男子1名風呂記述無　②男子1名土・日昼食外出時　③30分ずつ運動を反復。

が，アルバイト，ボランティアである。工業校女子一人が平日の学校での部活動でボランティア活動に取り組んでいる。アルバイトについては，普通校生徒は皆無であり，工業女子で週間の1日，土曜日，日曜日に各延べ一人数時間行われている。工業校でのアルバイトをする生徒は，今回の調査範囲では意外に少なかった。

4－2　ドイツの普通校生

つぎに，表8－4からドイツの普通ギムナジウムの生徒，とくにほぼ女子生徒の生活時間状況をみてみよう。

(1) 平　日

ドイツのギムナジウム生の平日の日常生活にとって特徴的なことは，まずは帰宅時間が早くて，13時30分に授業を終えると，だいたい14時ごろか14時30分には帰宅できることである。その後，ドイツ的に簡易な昼食を取る。帰宅後は，多くの時間を学習に費やすことはなく，PC，友だちとのディスコ行き，各種のスポーツ（女子4人中3人），などの行動が目立つ。学習もしないことはないが，女子で平均30分程度である。アルバイトに行く生徒も1人いる。ちなみに，この時期，ノルトライン・ヴェストファーレン州では，大学入学資格試験であるアビトゥア（Abitur）の学科試験（通常4月），口述試験（通常6月）が終わった段階での調査であることを付記しておく。

(2) 特別の曜日

他の2カ国と比較して目立つのは，平日月曜日から金曜日まで同じパターンの生活をするのではなく，ひじょうに多様な生活を送る。生徒は，週の1日，あるいは2日，水泳，バドミントンなどのスポーツ，クラリネットの練習，あるいはアルバイトなどを組み込んで時間を活用する。

(3) 週末のアルバイト・ボランティア・家事など

週末はじつに自由な時間帯である。1名の男子の場合，日曜日にサーキット練習に休憩，昼食を挟んで10時間，友だちとの行動に3時間を費やす。女子では，アルバイト，教会でのミサなどが目立つ。

表8-4 ドイツ・ギムナジウム12年生の生活時間（平均分時間・行為者数：男1人、女4人）

曜日	校種・性別	一次行動 食事・風呂等義務的	学校・授業②	学校自習	課外活動	塾	自宅学習	自由時間 TV・PC等	新聞読書	友達	スポーツ	音楽	何もしない	家族団欒	他	家事・アルバイト ボランティア	親寝	二次・三次行動
平日	男子	180=1①	330=1	0	0	0	30=1	0	0	0	60=1③	60=1	0	0	0	バイト60=1	510=1	
平日	女子	136.25=4①	330=4①	0	0	0	123.8=4	140=3	0	90=2	135=1③	45=1	0	0	0	料理30=1	458.75=4	
平日特定日	男子																	
平日特定日	女子	昼60=1、朝不明	水480=1				120				150=2	90=1			レース会議90	バイト280=3 バイト180=1		
土曜日	男子	85=4	0	0	0	0	30=1	0	0	90=1	0	0	0	0	0	バイト260=3	600=1	他不定は催しか読書かTV学習
土曜日	女子	85=4	0	0	0	0	30=1	0	0	180=1	0	0	300=2	0	不定345=1	バイト260=3	623.75=4	友達180は母+同僚
日曜日	男子	60=1	0	0	0	0	0	0	0	0	600=1	0	180=1	0	0	0	420=1	スポーツはサーキット、何無はは+友達かTV
日曜日	女子	153.75=4	0	0	0	0	0	60=2	0	180=2	0	105=2	0	0	教会60=1、不定420	バイト420	570=2 (2人不明)	他不定420はバイト、特別催し、学習、コンサート

注：①昼食は平日全員帰宅後　②授業は8:00-13:30　③男子レース、女子ダンス。

第8章　高校生の職業観形成に対する教育・生活活動の作用　131

4-3 韓国の普通校生と工業校生

韓国（表8-5）の場合，日本以上に普通校と工業校の生徒とでは，大きな違いが観察される。日本と同様，男女間にはそれほど大きな違いはみられない。

(1) 平　日

普通校男子により特徴的であるけれども，食事等の義務的時間（自由時間のなかの休憩もカウント）が切り詰められ，自宅学習（約5時間），加えて，課外の学校での補習授業に約4時間も使われる。したがって，過半の生徒は夕食も学校の食堂で済ませることになる。自由時間はまったくといってよいほど存在しない。

他方，工業校の生徒は，男子では家庭学習はまったくしないうえに，TV・PCに多くの時間（約5時間も）割いている。

(2) 特別の曜日

普通校の男女ともほぼ半数の生徒，また工業校の男子1人は，週のうち1回か2回，数学や英語の塾に通い，大学受験に備える。工業校男子が塾に通うのは　日本ではあまり一般的ではないが，韓国では大半の工業校卒者が専門大学に進学するので，珍しいことではない。

(3) 週末の塾通い・アルバイト

週末の時間の使い方は普通校と工業校では，両極に分かれる。普通校の男女とも，平日より2時間以上多く，家庭学習に費やす。また，彼／彼女らは土曜日，日曜日にたっぷりと（4時間前後）塾通いする。

他方，工業校の生徒は，アルバイトをするわけではないが，TV・PCに約5時間（男子の日曜日）から約9時間（1人の女子）も消費する。しかし，普通校ではみられないけれども，工業校男子1人の（土曜日に8時間），同女子1人（日曜日3時間）の教会活動が特徴的である。

5．生活時間調査の比較と考察

5-1　学校種別・国別比較

比較分析という点では，国の差異よりも学校種による差異が非常に顕著であ

表8−5　韓国の高校3年生の生活時間（平均分時間・行為者数：普通男子校5人、普通女子校5人、工業校男子4人、工業校女子1人）

曜日	校種・性別	一次行動 食事・風呂等事務的 平日学校間食	授業 平日昼食含	学校自習	課外活動	塾	自宅学習	TV・PC等	新聞・読書	友達	スポーツ	音楽	何もしない	家族団欒	他	家事・アルバイト	ボランティア	就寝	二次・三次行動
平日	普通男子校	96=5 ①	510=5	300=2	60=1		285=3	60=1		0	0	0	0	0	休憩60=3	0		444=5	
	普通女子校	116.25=4 ①	540=4	270=4	0		60=2	0	0	0	0	0	0	0	0	0		412.5=4	
	工業校男子	95=4	480=4	0	0		0	266.25=4	60=1	0	0	0	0	45=1	30=1	0		570=4	自宅学習＋休憩、他は散歩
	工業校女子	90=1	480=1	0	0		225	0	0	0	0	0	0	0	60=1	0		465=1	
平日特定日	普通男子校					150=2													
	普通女子校					220=3									休憩60=1				
	工業校男子					330=1										バイト480=1			金曜夜バイト
土曜日	普通男子校	126=5（1名夕食不明除）②	240=1	0	270=1	371.25=4	165=2		0	0	0	0	0	休憩160=3	0		555=5	
	普通女子校	135=4（昼・夕各1名不明）③	560=3	0	0	335=2		0	0	0	0	0	0	休憩30=1	0		585=4	
	工業校男子	176.25=4（1人昼食除）③	0	0	0	0	0	281.25=4	0	202.5=2	0	0	0	0	親戚集90=1	買物45=1, 教会480=1	0	536.25=4	PC360は＋読書、他180は＋読書、読書は＋散歩
日曜日	普通男子校	138=5（昼・夕各1名不明）③	0	0	0	250=3	352.5=4	360=1	60=1	0	0	0	0	0	180=1	0		660=1	他休憩の一人30分は散歩
	普通女子校	165=4	310=3	0	0	225=2	330=2	165=3	0	0	0	0	0	60=1	休憩160=3	0		597=3	
	工業校男子	131.25=4（昼2名不明除）	0	0	0	0	0	140=3	0	0	0	0	0	90=1	0	教会180=1	0	585=4	
	工業校女子	270=1	0	0	0	0	0	345=4	0	0	0	0	0	0	休憩165=1	0		577.5=4	
								540=1	0	0	0	0	0	0	0	0		570=1	TVは＋団欒

注：①夕食男子2人、普通女子全員学校で　②普通男子3名昼食学校で　③工業男子全員夕食自宅。

った。つまり，日本と韓国の2カ国の範囲であるが，普通校生と職業校（今回は工業高校）生との間に大きな差異がみられた。逆にいうと，日韓両国の教育文化的環境・歴史の共通度が高いということになる。

　日韓両国の普通校生，今回はいずれも進学校であったが，そういう学校の生徒は，平日，週末（はそれ以上に）とも，自宅ないし，塾での受験準備学習に生活時間のほぼすべてを費やしている。韓国は日本以上にその傾向が強い。そのことは夕食をとる場所，また受験生を支えるシステムが異なる。わが国の進学志向の高校生は，平日には帰宅後若干勉強をし，急ぎ夕食をテレビなどを見ながら夕食をとり，また勉強する。韓国の普通校生は学校に残り，補習授業か深夜近くまで塾で学習する。

　これらには，日韓両国の教育文化的環境の共通性，つまり高学歴志向の社会，有名大学志向が大卒後のキャリアに関わってくる社会のあり方が作用しているといえる。今回の調査対象の愛知県の普通校生にはインタビューできなかったが，それを行った韓国ソウルの当該進学校の生徒たち（今回の記入調査とは別の生徒数名）が卒業後の明確な進路希望・希望職業を有していたことが印象的である。

5－2　国別比較

　この点では，やはり日韓両国とドイツの間では，同じ普通校生徒の場合でも，大きな違いがみられた。今回，試験前の時期であるかどうかということに限定せず，一般的に通常の時期の平日，特別の日，週末という区切りで記入を求めた調査であったにもかかわらず，ドイツの最終学年生は学校の外，家庭では，もちろん塾などは存在しないのであるが，あまり自主学習をすることはない。帰宅後昼食をとり，ゆったりと多様な生活をする。この点は，日韓両国の工業高校生に近いといえる。しかし，日韓の工業高校生ほど，TVやPC，携帯電話・スマートフォンに首っ引きというほどでもない。アルバイト，スポーツ，音楽，教会活動など比較的多様である。

　このような日韓両国とドイツの事例校の生徒間の生活時間の使い方の差異は，

ドイツでは両国ほどの高学歴志向，特定銘柄大学志向は存在しないこと，またなんといっても大学入学試験制度が存在しないこと，さらにギムナジウム生徒の進路が伝統型一般大学だけでなく，実践的高等職業教育を行う専門大学や，なかにはデュアルシステムに入る者が多くいるなど，多様なキャリア，価値観がみられることに起因するといえる。

なお，今回の調査では，男女の差異より，その共通性のほうが高かった。敢えていえば，女子の場合，週末を中心に家事手伝いをしたり，家族との団欒の時間を持つ生徒が若干みられることが特徴的であった。

5−3　生活時間の使い方と職業観形成との関連づけ
(1)　韓国の生徒のアルバイト・ボランテイア活動と経済・安定志向

どの国も，また日韓の工業校生を含めて，平日にアルバイトをする生徒は少なかった。しかし，韓国の工業校生の１人が金曜日夜からの徹夜アルバイトをしたり，ドイツや日本の工業校生で，平日特定日に数時間のアルバイトをする者がみられる。また，韓国やドイツの一部の生徒が，週末教会のミサに通ったり，長時間の教会活動に参加したりしている。そのなかで，今回の生活時間調査に参加した韓国の生徒は２回の職業観調査に参加した生徒でもある。本章第１節のところで韓国の生徒の職業観形成における変化（韓国の生徒の経済・安定志向が２年間の間に有意に増加したこと）を示した（表8−1）が，そのことに対して今回の生活時間記録にみられるようなアルバイト経験やボランティア活動経験の有無が一定の作用をしていると考えられる。

(2)　日韓普通校生の学習中心の生活と自己実現志向

日本とドイツの生活時間調査への参加者は，２回の職業観調査に参加していないので，生活行動と職業観形成の特質を直接関連づけることはできない。しかし，職業観形成の変化において，日本の生徒の場合で目立ったことは，自己実現志向の増大（表8−1）は普通校の受験勉強中心の生活（普通校生）や何もしない（何をしているかはっきりしない）時間を含む自由時間中心の生活（工業校生）が作用していることを推測させる。

(3) ドイツの生徒の自由時間中心のゆったりした生活と社会・奉仕志向

また，ドイツの生徒にみられる自由時間中心の生活は，多様で豊かな人間形成に資するものと考えられるけれども，それは必ずしも社会・奉仕志向や経済・安定志向の向上につながっていない可能性が考えられる。

6．生活時間調査の今後の課題

生活時間記入調査およびその結果に関して，今後の課題を中心に要点をまとめておく。まず，高校3年生の生活時間においては，国別にみれば，日韓両国とドイツとの間では大きな違いがみられた。朝8時30分ごろから16時ごろまでの授業を受ける日韓の生徒，13時30分には帰宅するドイツの生徒との違いである。とくにドイツの生徒はじつにゆったりとした多様な行動ができる。対して，とくに日韓の普通校生は週末を含め，勉強オンリーの生活である。

他方，日韓の工業校生とドイツの普通校生は類似性が強く，アルバイト，ボランティア，課外活動，自由時間などと多様である。しかし，日韓の工業校生の場合，「何もしない」時間やテレビ視聴・パソコン類の遊びなどの時間が特段に長く，この点ではドイツの普通校生がさまざまな活動に分散しているのと多少異なる。

職業観との関連では，韓国の生徒のそのような生活様式が経済・安定志向の上昇や逆に社会・奉仕志向の低下の一因であることが究明できた。

調査技術上の問題として，まず，調査用紙への記入事項に関して，いわゆる「ながら行動」（第二次行動，第三次行動）や「○○○か△△△」という不特定行動が多くみられた。前者に関しては調査用紙に明確にながら行動を記すようにすること，後者に関しては1週間全部の生活を「普段の生活」として問うことの限界であるかもしれない。今後の改善を期したい。

参考文献
明石要一・岡部悟志・木村治生他（2009）「子どもの24時間の過ごし方と時間に関する意識―『放課後の生活時間調査』（2008年）の結果から―」第61回日本教育社会学会大会発表資料.

伊藤セツ・天野寛子他（2005）『生活時間と生活福祉』光生館．
苅谷剛彦（2000）「学習時間の研究―努力の不平等とメリトクラシー―」『教育社会学研究』第66集．
NHK放送文化研究所（2011）「調査の概要」『日本人の生活時間2010』NHK出版，pp.179-187．
―――（2013）『NHK中学生・高校生の生活と意識調査』NHK出版．
経済企画庁国民生活局国民生活課（1975）「生活時間の構造分析」『時間の使われ方と生活の質』大蔵省印刷局，第2版（1978）参照．
Szalai, A. (ed.) *The Use of Time,* Mouton, 1972.
総務省統計局（2013）「平成23年度社会生活基本調査」http://www.stat.go.JP/data/shakai/2011/　2013.11.22．
谷村賢治（1994）「生活時間から見た現代家庭生活1：生活時間配分と家族の触れあい」『長崎大学教育学部社会科学論叢』48, 1-18．
寺田盛紀（2009）「職業観形成の比較教育文化的研究(1)―日・中・韓・印ネの高校3年生の進路形成と職業希望の様態―」『名古屋大学大学院教育発達科学研究科紀要』（教育科学）第56巻第1号（2009.9), 1-18．
TERADA, Moriki (2009) Comparative Education- Cultural Research on the Formation of Vocational Views and Values as a Challenge of Vocational Education; Analyses of Vocational Aspirations and Vocational Values for 12th Grade Students in Japan, Korea, and Indonesia, *Journal of Asian Vocational Education and Training,* Vol.2, No.1, 49-61.
寺田盛紀・紺田広明・清水和秋（2012）「高校生の職業観形成とその要因に関する比較教育文化的研究―6か国における第10年生に対するアンケート調査結果の分析から―」『キャリア教育研究（日本キャリア教育学会）』31（2012.9), 1-13．
寺田盛紀・清水和秋・山本理恵（2013a）「6か国における高校生の職業観とキャリア経験の変化に関する縦断的研究―高校生の職業観形成に関する比較教育文化的研究(3)」『生涯学習・キャリア教育研究』第9号（2013.3), 51-65．
―――（2013b）「6か国における高校生の職業観とキャリア経験の変化に関する縦断的研究―高校生の職業観形成に関する比較教育文化的研究(4)」『名古屋大学大学院教育発達科学研究科紀要』第60巻第1号（2013.9), 129-145．
藤原眞砂（2001）「生活時間研究における『平均時間』再考」『総合政策論叢』島根県立大学総合政策学会．
ベネッセ教育総合研究所（2009）「放課後の生活時間調査」http://berd.benesse.jp/berd/center/open/report/houkago/2009/hon/　2013.11.20．
矢野正和（1995）『生活時間の社会学―社会の時間・個人の時間』東京大学出版会，第2刷（1996）参照．

第9章

大学生のキャリア形成と大学におけるキャリア教育

1. なぜ大学生にキャリア教育なのか

近年，大学生のキャリア形成や大学におけるキャリア教育の推進が求められる理由は何であろうか。

1-1　移行の架け橋の欠落

まず，キャリア教育という用語と構想が最初に行政レベルに登場したときの経緯にヒントがある。それは1999年の中央教育審議会答申「今後の初等中等教育と高等教育の接続の改善について」（文部省・中央教育審議会，1999）においてである。キャリア教育は，初等・中等教育，高等教育をつなぐ移行の問題として，そして学校教育と職業生活との円滑な接続（移行）を図るものとして構想されたのである。後者の移行問題（transition from school to work）のコンセプトは，すでに1970年代末からEC・EUで，1990年代以降はアメリカでも若者の教育・労働政策のキーコンセプトとして進められてきた事柄である。もともとわが国の大学・高校は，いわゆる医師，看護師，教師，福祉士などの「養成課程」といわれる目的学部を除くと，高校職業教育や大学の専門教育においても社会や仕事世界への「移行の架け橋」，つまり職業生活に直接準備する現場実習課程を欠いている（図9-1参照）。

1-2　個人志向・自己実現志向と進路不決断

第2に，筆者がいう「移行の架け橋の欠落」がそもそもこの時期に問題にな

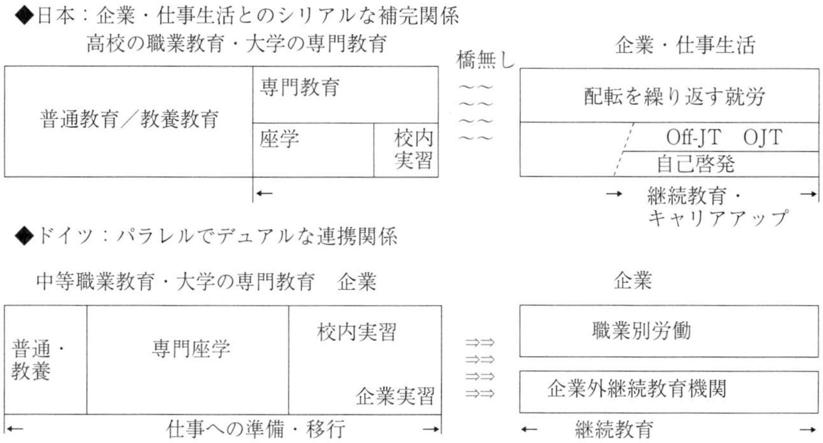

◆日本：企業・仕事生活とのシリアルな補完関係

高校の職業教育・大学の専門教育			橋無し	企業・仕事生活
普通教育／教養教育	専門教育		〜〜〜〜〜〜	配転を繰り返す就労
	座学	校内実習		Off-JT　OJT 自己啓発

→ 継続教育・キャリアアップ

◆ドイツ：パラレルでデュアルな連携関係

中等職業教育・大学の専門教育　企業				企業
普通・教養	専門座学	校内実習	⇒⇒⇒⇒⇒	職業別労働
		企業実習		企業外継続教育機関

←　仕事への準備・移行　→　　　　←　継続教育　→

図 9－1　日本の職業教育・専門教育の移行モデル
出典：寺田，2011，p.76 を改作

らざるをえなかった背景が存在する。周知のことであるが，第1章2に論述したような1990年代後半以降の移行のメカニズムの揺らぎ（学卒無業，就職後早期離職の常態化，フリーター志向など）が目立ってきたことである。

とくに，フリーター志向と一括される学生の職業観における個人志向，自己実現志向が特筆される。自己実現志向にかかわって1つだけデータをあげると，表9－1にあるように，わが国の若者は，収入や労働時間よりも，仕事の内容，つまり高校や大学で身につけた自分の知識・能力が生かせるかどうか，自分の思い描く（希望する）仕事内容であるかどうかに執着する傾向がある。内閣府の分析によると，下記のとおりである。ちなみに，下記の傾向は，前回第7回調査（イギリス，フランスでなく，ドイツ，スウェーデンが調査対象）でもほぼ同じ傾向であった（表9－2）。

「日本人の青年が仕事を選ぶ際に重視すること」としては，「仕事内容」が69.3％で最も高く，以下「収入」（67.8％），「職場の雰囲気」（58.6％），「労働時間」（46.2％），「自分を生かすこと」（40.8％），「通勤の便」（38.8％）の順となっている。5カ国比較でみると，日本以外の4カ国では「収入」（韓国82.7％，ア

表9-1 第8回世界青年意識調査結果（職業選択の重視点）
(%)

	N	仕事内容	収入	職場の雰囲気	労働時間	自分を生かすこと	通勤の便	将来性	能力を高める機会があること	専門的な知識や技能を生かせること	事業や雇用の安定性	仕事の社会的意義	その他	わからない。無回答	M.T
日本	1090	69.3	67.8	58.6	46.2	40.8	38.8	33.9	30.1	29.6	28.3	15.6	0.6	0.5	460.2
韓国	1002	47.1	82.7	41.6	45.4	27.6	32.5	49.8	28	28.1	32.2	14.5	0.3	0.8	430.8
アメリカ	1011	57.3	88.7	54.8	73.9	35.1	45.6	53.2	48.7	35.9	47.6	21	1.4	1.4	564.5
イギリス	1012	41.8	81.4	47.6	65.2	28	37	49.7	43.8	25.5	30.5	13	1.4	1.4	466.3
フランス	1039	48.4	76.8	45.7	38.2	27.9	23	44.1	32.5	32.6	20.7	9.4	—	0.2	399.6

出典：内閣府政策統括官，2009

表9-2 第7回世界青年意識調査（職業選択の重視点）
(%)

国名＼順位	1位	2位	3位	4位	5位
日　本	仕事内容 66.6	収入 64.9	労働時間 44.9	職場の雰囲気 44.3	通勤の便 38.1
韓　国	収入 76.2	将来性 48.7	仕事内容 43.0	労働時間	職場の雰囲気 36.8
アメリカ	収入 83.5	労働時間 70.2	職場の雰囲気 65.5	仕事内容 53.3	能力を高める機会があること 52.1
スウェーデン	職場の雰囲気 77.7	収入 74.9	仕事内容 65.2	自分を生かすこと 64.8	労働時間 54.0
ドイツ	収入 64.5	仕事内容 62.5	職場の雰囲気 49.8	事業や雇用の安定性 46.9	能力を高める機会があること 43.4

出典：内閣府政策統括官総合企画調整担当，2004

メリカ88.7％，イギリス81.4％，フランス76.8％）が最も高くなっている。　ついで，韓国では「将来性」（49.8％）が，アメリカとイギリスでは「労働時間」（アメリカ73.9％，イギリス65.2％）が，フランスでは「仕事内容」（48.4％）が，それぞれ高くなっている」（内閣府政策統括官，2009）。

　このようなことから，若者は進路不決断に陥ることになる。精神科医である香山リカ（2004）は，かつて，「自己効力観」（自己理解），「自己実現」を求める若者（大学生）が「『仕事とは何か？』」を問いすぎるあまり，実際の仕事か

ら遠ざかる現象」が目立ち，仕事や結婚という「本来，非常に具体的，現実的であるはずのテーマを観念的に考え始めると，人の思考はかぎりなく内面に向かってしまい，…自分自身について悩むことになってしまう」(pp.133-134) と分析している。過度に自己実現を称揚するキャリア支援・キャリア教育は再検討されねばならない。

1-3 「基礎的・汎用的能力」へのニーズ

　第3に，1970～1980年代にかけての手厚い企業内教育の時代，大卒者はマイナーな社会ならさほど問題にならなかったが，近年の大卒メジャーの社会において，企業社会の大卒者の資質に対する疑念は深くなっている。かつての高度成長期の社会では，高校・大学は基本的な知識・常識・専門の基礎知識に加えて，集団生活への適応力くらいが必要とされていたが，2000年以降近年では，企業社会に入ってから使える力，応用の利く「基礎力」「コンピテンス」を求めるようになっている。それに応えようと，各省庁がこぞって，「就職基礎力」（厚生労働省），「社会人基礎力」（経済産業省），「学士力」（文部科学省高等教育局），「基礎的・汎用的能力」（文部科学省初等中等教育局および生涯学習政策局）というコンセプトを編み出してきた。

　「学士力」に関していえば，それは，①知識・理解（文化，社会，自然など），②汎用的技能（コミュニケーションスキル，数量的スキル，問題解決能力など），③態度・志向性（自己管理力，チームワーク，倫理観，社会的責任など），④総合的な学習経験と創造的思考力が構造化されている（中央教育審議会，2008, p.14）。

　これら基礎的・汎用的スキル重視の考え方は世界的動向ともいえる。1999年以降の欧州の高等教育資格（学位やその質保証の共通）枠組みの構築，いわゆるボローニャプロセスにおいて，共通の学位・質保証の基準が，「知識・理解力（knowledge and understanding）」「知識・理解の応用力（applying knowledge and understanding）」「判断力（making judgements）」「コミュニケーション・スキル（communications skills）」「学習スキル（learning skills）」の5つの要素なのである（EFCE Bologna Recommendations, 2005）。

ゆえに，わが国においても過度に重視され，第3章でみたように，キャリア教育の中心目標にまで位置づけられている。一種の「思い込みイデオロギー」ともいえなくもない。

2．大学におけるキャリア教育の試み

2－1　国大協の提言にみるキャリア教育の三層構造

(1) 就職協定廃止からインターンシップへ

大学におけるキャリア教育は，1996年にいわゆる大学と経済界とによる就職協定（採用活動や内定の時期等に関する協定）が廃止されたことと深く関係がある。インターンシップが開始されたのはその直後1997年1月の橋本政権下の「教育立国を目指して」というプログラム，同年9月の文部，労働，通産の3省合意「インターンシップ推進にあたっての基本的考え方」に由来する（田中，2007, p.16）。

このように時間的に相前後しているだけでなく，事実経過においても因果関係があったことを，当時日経連の教育調査部長であり，経済界代表としてこの種のことがらに直接関与していた田中宣秀（のちに名古屋大学教育学部教授）が証言している。1988年以降就職協定を司っていた中央雇用対策協議会下の就職協定協議会（日経連・経団連など中央の経済5団体，業界別35団体，国立大学協会・私立大学連盟など大学関連9団体，オブザーバーの労働省や文部省が参加）（中央雇用対策協議会，1987）の「中・長期の就職・採用のあり方検討小委員会」による訪米調査，その報告書でのインターンシップやCO-OP教育の国内への紹介がきっかけになったとされている（田中，2010, pp.9-10）。

その後，インターンシップは大学から高校などにも広がり，1999年の中教審答申ではインターンシップを含むキャリア教育が構想される。以後，キャリア教育といういい方で，学校や大学と仕事世界とを結びつける試みがなされる。大学におけるキャリア教育が明確に推進されるきっかけは，2003年の「若者自立・挑戦プラン」（文部科学省他，2003年6月）である。「勤労観・職業観の醸成を図るため，学校の教育活動全体を通じ，子どもの発達段階を踏まえた組

織的・系統的なキャリア教育(新キャリア教育プラン)を推進する。このため，学習プログラムの開発や教員研修の充実などを図り，各学校の取組を促進する」ことが提言された (p.5)。もちろん，フリーターやNEETをはじめとした不安定雇用の若者の増大への対応が背景にあった。さらにいえば，これと前後し，文部科学省・初等中等教育局所管で組織されていた「キャリア教育の推進に関する総合的調査研究協力者会議」の報告書(2004.1)は，とくに中等教育段階におけるキャリア教育の導入を提言したことの影響も大きい。

(2) 国大協の提言

このころから大学におけるキャリア教育論が，かなり頻繁に展開されるようになる。国立大学協会の教育・学生委員会(2005.12)での「大学におけるキャリア教育のあり方」(提言)は，それを加速させる役割を果たしたものと思われる。やや個人的な事柄を記すと，筆者も「国立大学における」ということを

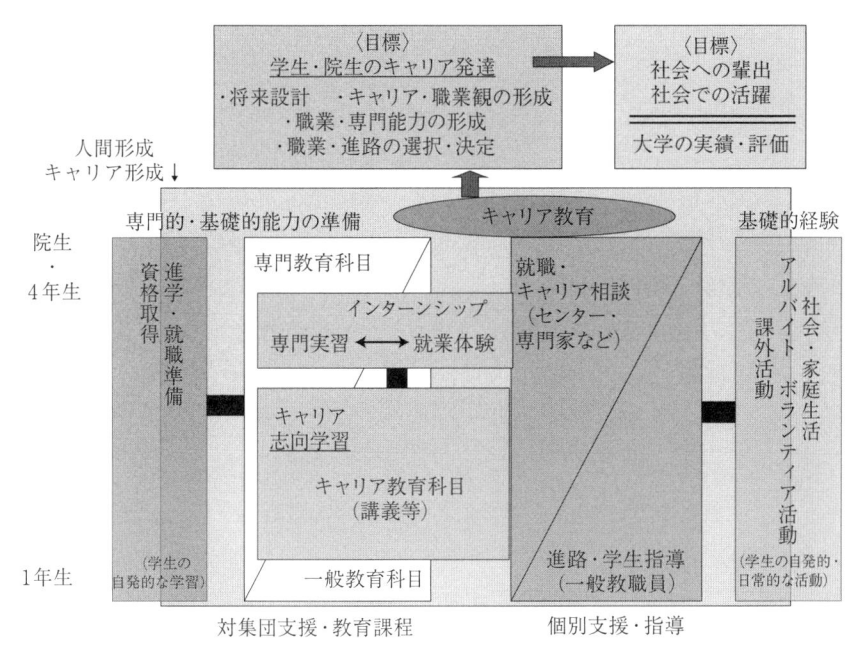

図9-2　国大協・大学生のキャリア形成と大学におけるキャリア教育
出典：国立大学協会教育・学生委員会, 2005, p.6

敢えて冠さないこのワーキンググループ（「大学におけるキャリア教育のあり方・ワーキンググループ」）の委員であった。いずれも，当時であるが，広島大学キャリアセンター長の田中秀利教授，東北大学の菊池武剋教授（発達心理学），筑波大学の渡辺三枝子教授（キャリア・カウンセリング論）などが参加していた。

　創生期のキャリア教育であり，しかもアメリカの大学でさえキャリア・サポート（career support）とか就職サービス（job placement service）という概念はあっても，キャリア教育（career education）という概念・実践が一般的ではなかったので，キャリア教育の定義や具体的な内容（教育課程・教育活動）の議論は困難を極めた。やや，僭越ではあったが，当時所属大学の旧講座（領域）名が「職業・キャリア教育学」に変更途上にあった筆者が「第１部　国立大学におけるキャリア教育」の原案を執筆した。図９－２は，菊池教授の意見も取り入れた，大学におけるキャリア教育の実施形態を端的に構造化したものである。

　この国大協のコンセプトは，キャリア教育の目的として，「進路・生き方のデザイン力」「職業・進路の選択決定」「職業・専門能力の形成」「キャリア・職業観の形成」という「キャリア発達」をキャリア教育・キャリア形成支援の目的としている。その目的達成のために，三層構造からなる教育・学習活動が構想されている。①インターンシップやキャリア科目，さらに通常の一般教育科目や専門教育科目における「キャリア志向学習」（キャリアの要素を位置づけた通常の講義・演習など）などの「学生全体に対する教育課程に位置づけられるキャリア教育」，②キャリア・就職相談をはじめとした「個別的キャリア支援・学生指導」（教育課程外・課外のキャリア教育），そして③大学の枠を超え，就職活動，資格学習，アルバイト，ボランティア活動，部活動など，個別的なキャリア準備の活動の性格を濃くする「自発的学習活動・課外活動」（キャリア形成活動）の三層構造である。

　この構想は，前述の若者自立・挑戦プランやキャリア教育の推進に関する総合的調査研究協力者会議の報告書（筆者も委員として参加）にある「学校の教育活動全体を通じ」てというキャリア教育論を継承しつつ，大学教育の所以た

る大学の専門教育におけるキャリア教育（学習）の視点を提起したことが特徴になっている。

その後，2006（平成18）年度以降2年間，文部科学省高等教育局の「現代的教育ニーズ取組支援プログラム（現代GP）」の「実践的総合キャリア教育の推進」プログラム（3カ年のプロジェクト）が募集にかけられ，多くの国・公・私立大学のプロジェクトが採択され，結果として，大学におけるキャリア教育は一気に普及した。

2-2　大学設置基準の改正とキャリア教育の教育課程論

(1)　中教審のキャリア教育・職業教育特別部会での議論

2009（平成21）年1月に，高等教育段階の職業教育の再編，もっといえば，専修学校・専門学校の新展開をねらいとして，専修学校・専門学校を所管し，文部科学省内の横断的事項を扱う生涯学習政策局所管のもとで，中央教育審議会キャリア教育・職業教育特別部会が組織され，キャリア教育と職業教育全般にわたる諮問事項の検討がなされた。

その特別部会は，ちょうど2年間にわたり，第1次の審議経過報告（2009年7月30日）まで12回，第2次の審議経過報告（2010年5月）に至るまでにさらに12回（合計24回），その後最終報告書作成にかかわる第3次審議では6回の会合が行われた。第1次審議の際は，初等中等段階のキャリア教育と高等教育段階のキャリア教育・職業教育の2つのワーキンググループの会合（筆者は後者のとりまとめ役であった）が各6回（何度か合同で）行われるなど，じつに長期にわたる，また合意や提言まとめに難渋した審議であった。大学・高等教育におけるキャリア教育にかかわって，表には出ない重要な経緯を含めて，大学設置基準改訂による「大学におけるキャリアガイダンス」の実施義務づけの内実を摘記しておく。大学設置基準および短期大学設置基準の改正によるキャリア教育の実施が法制化されたことの鍵は，中教審の2つの下部部会（2つの局）間の微妙なやりとりに起因している。

(2) 中教審大学分科会での議論

　中央教育審議会の大学分科会は，2006（平成18）年度以降，大学教育の質保証や卒業後社会から求められる能力のあり方を議論し，2008（平成20）年12月24日に上記のような学士力の構想とそのための「キャリア教育を，生涯を通じた持続的な就業力の育成を目指すものとして，教育課程の中に適切に位置付ける」（中央教育審議会，2008, p.18）ことを提言した。2009（平成21）年以降は，「中長期的な大学教育の在り方について」検討し，就職支援やキャリア教育について論議していた。

　他方，同年1月に立ち上がったキャリア教育・職業教育特別部会では，第1に「社会・職業への円滑な移行のために学生・生徒に求められる基礎的・汎用的能力について初等中等教育，高等教育それぞれの段階に即して」「体系的なキャリア教育の充実方策」を明らかにすること，そして後期中等教育段階と高等教育段階における職業教育のあり方について，後者に関しては「職業教育に特化した新たな高等教育機関の創設を含め」検討することが諮問され，議論されていたのである（中央教育審議会キャリア教育・職業教育特別部会，2010, p.252）。その特別部会の諮問事項の1つであった「職業教育に特化した新たな高等教育機関の創設」に関して，筆者は2009年3月23日の第4回の会合で「キャリア教育・職業教育のあり方について」というプレゼンメモ（WEBサイトで広く閲覧できる）にもとづき，第4章の図4-3のようなキャリア教育体系と高等教育段階の職業教育の再編（専門大学もしくは職業大学の創設）を提案したことがある。

　やや下って，同年の初夏のころだった記憶するが，同部会ないし同部会の高等教育ワーキンググループで高等教育局担当者によって，ややトーンが異なる説明・発言がしばしば行われるようになっていた。大学部会のメンバーとの合同会議が行われたこともある。高等教育局や大学分科会サイドは，職業教育に特化した新たな高等教育機関は「大学の質保証向上の時代に新機関の創設など量的拡大はそぐわない」「大学セクターで職業教育は十分対応できている」というものであった。同年6月23日には職業大学の構想が，朝日新聞紙上で，文部科学省の既定路線であるかのように報道されることなどもあった。

⑶ 社会的・職業的自立と大学設置基準の「キャリアガイダンス」

　このようななかで，中央教育審議会大学分科会（2009.12）は2009年7月の特別部会の「審議経過報告」における「社会的・職業的自立に必要な能力等を，義務教育段階から高等教育に至るまで体系的に身に付けさせる」キャリア教育の構想，そして職業大学・専門大学の構想を引き取る形で，2009年12月15日に「審議経過概要」をまとめ，さらに年明けの2010（平成22）年2月25日には，大学設置基準及び短期大学設置基準の改正が行われ，大学・短期大学におけるキャリア教育が法制化されることになった。

　大学分科会サイドのこの間の審議経過をまとめた文書である「審議経過概要」が示すところによると，同分科会の第2次報告（2009年8月）までは「社会的・職業的自立に関する指導」（職業指導）は，同文書12月段階では「職業教育との誤解が生じる」として「社会的・職業的自立に関する指導」（キャリアガイダンス）に変更されている。しかし，内容的にガイダンスという特別の領域の，しかも個々人に対するオリエンテーション的なものだけを想定していたわけではないので，最終規定には，下記のように「ガイダンス」とか「教育」とかの文言は省かれている。

　大学設置基準改正（平二二文科令三・追加）2010年2月25日
　　第四十二条の二　大学は，当該大学及び学部等の教育上の目的に応じ，学生が卒業後自らの資質を向上させ，社会的及び職業的自立を図るために必要な能力を，教育課程の実施及び厚生補導を通じて培うことができるよう，大学内の組織間の有機的な連携を図り，適切な体制を整えるものとする。

3．大学の教育課程内外におけるキャリア教育・支援

3−1　審議経過概要における取り組み例

⑴　大学の教育課程内外でのキャリア教育

　キャリア教育とキャリアガイダンスが同義に捉えられるなかで，キャリア教育といっても，大学人にはなかなかイメージされがたい。筆者は，中教審の場で高等教育局担当者に対して，高等教育局が考えるキャリア教育は「ガイダン

ス的な1,ないし数科目の教育のことをいっているのか,それとも教育課程全体にわたって展開されることと考えているのか」と糺したことがある。その場では,明確な回答はなかったが,審議経過における取り組み例では,以下のように整理されている。

---

(1) 教育課程内での取り組み
 1．専門教育や一般教育におけるキャリア形成支援
  例1：教育課程の全体を通じて,キャリア志向の取り組みを進める。
   (コミュニケーション能力,IT能力などの育成,キャリアデザインの場としても位置づけることなどが例示されている。これは,正規課程内におけるキャリア教育と言え,上述の国大協の提言を参考にしたと思われる。)
 2．幅広い職業意識の形成等を目的とする授業科目(卒業生や外部講師による体験の伝達)
 3．インターンシップの実施
(2) 教育課程外での取り組み(「厚生補導」「就職支援」)
 1．求人情報の提供等 2．オリエンテーション 3．適性試験・相談,カウンセリング,就職相談会 4．ビジネスマナー講座・プレゼンテーション能力養成講座,資格取得講座等 5．学生への情報提供システム

　キャリア教育といえばインターンシップか社会人招聘型のキャリア科目の授業とほぼ同義に語られてきたが,これらは,明らかに職業指導,キャリアガイダンスを超え,まさに体系的キャリア教育の構想といえる。

(2) **各大学での実施状況**

　上記の設置基準改正直後の2010(平成22)年度以降の,文部科学省の「就業力育成支援事業」などへの取り組みもあって,今日,大学におけるキャリア教育は,ほぼすべての大学で,何らかの,あるいはいくつかの形態の取り組みがなされている。表9－3(労働政策研究・研修機構,2014)の最新の調査結果を示しておく。大学だけに限定すれば,就職課・キャリアセンターでの支援やキャリア啓発型のプログラム(授業など)が70％以上の大学で,インターンシップが60％程度の大学で取り組まれていること,しかし,専門教育との融合を目指すキャリア教育は,なお道遠しというところであろうか。

表9－3　現在あるいは中長期的に重点的に取り組んでいる課題（複数選択可）

	重点的に取り組んでいる課題	大学 度数（％）	短大 度数（％）	高専 度数（％）	専門学校 度数（％）
1	就職課・キャリアセンター利用の促進	342(75.5)	121(68.8)	9(17.7)	31(40.3)
2	低学年からのキャリアに対する意識づけ	357(78.8)	124(70.5)	40(78.4)	39(50.7)
3	インターンシップの充実	256(56.5)	56(31.8)	26(51.0)	22(28.6)
4	学校独自のキャリア教育プログラムの開発や充実	170(37.5)	47(26.7)	18(35.3)	19(24.7)
5	就活意欲の低い学生や就職困難な学生への呼びかけやアプローチ	308(68.0)	127(72.2)	24(47.1)	44(57.1)
6	就職率のアップ	271(59.8)	92(52.3)	12(23.5)	52(67.5)
7	個別相談体制の充実	278(61.4)	114(64.8)	14(27.5)	41(53.3)
8	卒業生への情報提供・サービスの開始や充実	135(29.8)	48(27.3)	8(15.7)	32(41.6)
9	保護者への情報提供・サービスの開始や充実	143(31.6)	45(25.6)	8(15.7)	15(19.5)
10	教育情報産業関連の企業・業者との連携や活用	76(16.8)	31(17.6)	10(19.6)	13(16.9)
11	他大学・教育機関などとのネットワークの確立や充実	91(20.1)	21(11.9)	2(3.9)	1(1.3)
12	学内のキャリア支援サービスのネットワーク化やその充実	150(33.1)	51(29.0)	11(21.6)	14(18.2)
13	専門教育とキャリア教育の融合	129(28.5)	42(23.9)	15(29.4)	19(24.7)
14	キャリア教育に向けた，教職員に対する意識啓発	198(43.7)	60(34.1)	12(23.5)	22(28.6)
15	学生の個人別情報把握と整備	195(43.1)	85(48.3)	7(13.7)	29(37.7)
16	センタースタッフのスキルアップ	205(45.3)	56(31.8)	8(15.7)	15(19.5)
17	その他	16(3.5)	1(0.6)	4(7.8)	1(1.3)
	欠損値	9	1	0	0

注：大学 459/1071=63.5％，短期大学 177/370=51.2％，高等専門学校 51/62=89.5％，専門学校 77/341=23.3％。
出典：労働政策研究・研修機構，2014，p.108

3－2　キャリア科目の取り組み方に関して

(1) 叱咤激励型か啓蒙型か

　多くの大学では，OB・OGなどを招聘して，職業人による経験伝達型の，もっといえば成功経験伝達型のキャリア科目が配置されている。職業意識啓発の必修科目として課す場合も多い。筆者自身も同僚とともに，そのような科目を名古屋大学で立ち上げ，学生とともにそのような授業に参加してきたことがある。これら経験伝達型の授業はしばしばもちろん就業経験のない若い学生に

対する叱咤激励になることがある。担当教員がコーディネートし，手づくりのキャリア科目を組織するならまだしも，かなり多くの大学・学部が外部のキャリア教育業者に委託し，学生のキャリアデザインを求める（急かせる）授業もまま散見される。そうではなくて，学生の課外活動，日常生活，そして教養課程や専門課程といった通常の学生生活とよく結びついた，じっくり型のキャリア教育が重要である。また，講義形式の授業は，職業意識啓発型のインターンシップや専門現場実習など実際的な学習経験と結びついてこそ効果的である。

表9－4の調査結果（小杉，2007, p.186）は非常に示唆的である。就労形態（正規雇用就労）とキャリア支援活動の種類を独立変数とし，キャリア科目の効果認識を従属変数として分散分析を行った結果，相談活動をより多くの学生が経験し，かつそれが有用と認識されていることがわかる。また，科目（教育課程）としての位置づけのもとに取り組まれるインターンシップとキャリア科目を比較すると，後者はより多くの学生が履修しているのに，効果認識率という点では「典型非定着予測」（正規雇用にあるが，離職を予測する者）を除けば，「典型定着予測」などほかの3つのグループの有用感が低くなっている。キャリア

表9－4　大学のキャリア支援の取り組み別・卒業生就労パターン別効果認識

(%)

	男 性				女 性			
	典型定着予測	典型非定着予測	非典型	求職・受験	典型定着予測	典型非定着予測	非典型	求職・受験
対象数	100.0 360	100.0 73	100.0 53	100.0 30	100.0 759	100.0 251	100.0 203	100.0 39
インターンシップ	18.6 *77.0*	9.6 *53.8*	9.4 *62.5*	13.3 *66.7*	18.1 *82.5*	13.9 *74.5*	16.3 *78.6*	10.3 *80.0*
キャリア教育科目・セミナー	39.4 *64.8*	32.9 *54.5*	22.6 *48.0*	43.3 *65.0*	50.1 *70.4*	45.8 *66.1*	34.5 *58.3*	30.8 *54.5*
就職部／キャリアセンターへの相談	51.9 *74.5*	43.8 *69.6*	32.1 *54.8*	43.3 *65.0*	62.2 *82.8*	57.0 *72.6*	39.4 *66.1*	35.9 *63.6*
大学の先生への相談	46.4 *75.6*	39.7 *74.4*	41.5 *84.6*	36.7 *57.9*	50.9 *84.5*	42.6 *72.8*	43.8 *76.7*	33.3 *59.1*

注：上段は対象者に占める「役に立った」者の比率。下段（斜体）は，{役に立った／（役に立った＋役に立たなかった）}×100。
質問：「あなたの大学での次のような経験は，進路選択に関して役に立ちましたか」。選択肢は，「役に立った」「役に立たなかった」「利用しなかった」。
出典：小杉，2007, p.186

科目の中身を注意しなければならないこと，まずは未知の世界での体験学習がほかより効果的であることが窺える。

(2) 不安助長型か不安解消型か

他方，表9-5（寺田・長縄，2011, p.56）は一般に女子の進路・就職不安感が高いこと，とくに文学部・教育学部からなる「文教型」女子学生は，就活前の自己適性因子，就活後の選択決定不安因子が男子に比して有意に高い。にもかかわらず，職業情報不安因子は就活前後で解消率が高く，図9-3が示すよ

表9-5 就職活動前と就職活動後の不安尺度による性別比較

男女別の平均値とSDおよびt検定の結果

	女性		男性		t値
	平均	SD	平均	SD	
a①職業情報不安	3.60	0.82	3.04	0.73	4.30***
a②職業適応不安	3.21	0.81	2.66	0.62	4.66***
a③自己適性不安	3.74	0.78	3.17	0.79	4.35***
a④相談欠如不安	2.91	0.85	2.49	0.82	2.99***
b①将来設計不安	3.51	0.82	2.72	0.73	5.98***
b②相談欠如不安	2.61	1.01	2.36	0.85	1.60(n.s.)
b③職業情報不安	3.24	0.97	2.71	0.80	3.53***
b④選択決定不安	3.72	0.78	2.97	0.87	5.46***

注：***$p<.001$, n.s. 有意差なし。名古屋大学の文系男子学生64名，女子学生83名の4年生。上段a就職活動前，下段b就職活動後。
出典：寺田・長縄，2011, p.55

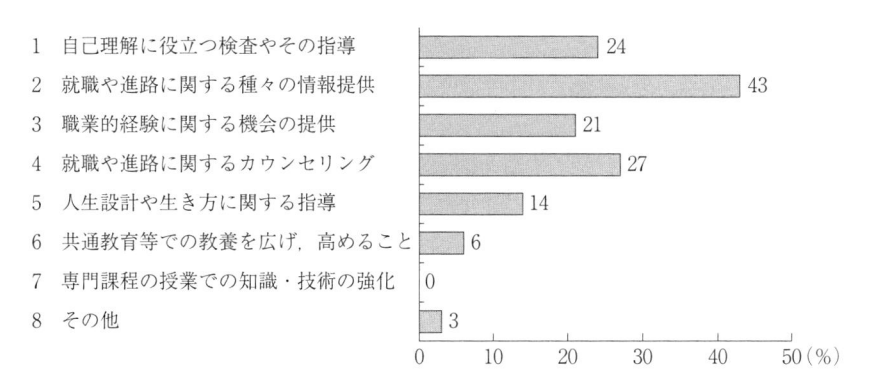

1 自己理解に役立つ検査やその指導	24
2 就職や進路に関する種々の情報提供	43
3 職業的経験に関する機会の提供	21
4 就職や進路に関するカウンセリング	27
5 人生設計や生き方に関する指導	14
6 共通教育等での教養を広げ，高めること	6
7 専門課程の授業での知識・技術の強化	0
8 その他	3

図9-3 名古屋大学生が大学に求めるキャリア支援活動
出典：寺田・長縄，2011, p.56

うに，解消されたグループでは「自己理解に役立つ検査やその指導」を求める率が有意に低かった。

4．名古屋大学の研究グループの構想

4－1　キャリア科目・就職相談だけに特化しない—「専門教育型」を志向

ややさかのぼるが，名古屋大学は2006（平成18）年度の現代GP「実践的総合キャリア教育の推進」事業に応募し，採択されている。筆者はその責任者として，理念とプランづくりに関わったのであるが（図9－4），以下，筆者の大学のキャリア教育のコンセプトを示してみる。

名古屋大学の研究グループが提案したキャリア教育の体系は，職業意識啓発型の全学共通（選択）科目としてのキャリア科目（例えば「大学でどう学ぶか」とか「社会人との対話によるキャリア形成論」など）にもとづき，各学部の専門基礎科目あるいは専門科目にキャリア志向学習（キャリア教材）を位置づけ，取り入れるという考え方である。つまり，専門教育志向型のキャリア教育であ

図9－4　名古屋大学現代GPの取り組みにおける専門教育融合型の構想
出典：名古屋大学現代GPキャリア支援・教育開発センター，2009，p.40

る。大学教育課程の大半（約3分の2以上）が専門課程であり，そこでのキャリア教育の組み込み（infusion）を抜きにした教育は教養教育とならぶ，3本目の部分的な柱か，大学設置基準改正以前の「就職支援」「厚生補導」の支援で終わらざるを得ないからである。これらの科目としての，あるいは領域・教材としてのキャリア学習が専門課程と実践的キャリア科目（プログラム）であるインターンシップとを媒介する。

　加えて，以上の学生集団に対する計画的教育と個別的なカウンセリングや学生の自主的キャリア活動の両輪でキャリア教育を組織すること，さらに教育課程上と個別支援プログラムの2つの要素を学生個人レベルでつなぐ役割を有するのが，学生のキャリアデザイン活動といえよう。筆者たちの研究グループは「名大式キャリアポートフォリオ」を開発した。大学当局は毎年全入学生にそのポートフォリオ冊子を提供している。

4-2　授業におけるキャリア教育（キャリア志向の授業）

　大学における専門教育はどうあるべきか，あるいはそれとキャリア教育をどう関係づければよいのか，なかなか難しい問題である。両者は基本的に独自の内容・目的を有するものであるけれども，意図しなければそれらはまったくの別物となってしまい，接点を見いだせないことになる。より深い考察が必要となる。大学におけるキャリア教育，とりわけ専門教育とキャリア教育の関連づけの鍵は，大学教育の目的規定にあると考えられる。

　学校教育法第83条（大学教育の目的）では「大学は学術の中心として，広く知識を授けるとともに，深く専門の学芸を教授研究し，知的，道徳的及び応用的能力を展開させることを目的とする」とある。この「応用的能力」の育成が問題となる。通常，大学の課程には講義（知識の形成）があり，実習や演習によってその知識を実践的を活用したり，確かめたりする学習により，思考力や問題解決能力などのスキル・能力が育成される。応用的能力という場合，模擬的な演習や実験の場面だけでなく，実際生活や経済活動の場面（本物の場面）での知識・能力の変換過程が重要となる。

その実践への変換過程は2つのアプローチがありうる。1つは，演習や校内実習だけでなく，講義においても実践や仕事場面を再現し，「知」から実践に向かう方向，そしてもう1つは本物の実践場面での学習であり，体験である。後者に関して，医師，法律家，教師，保健師，看護師，福祉士などの養成課程において，あるいはかつての工学教育において，臨地実習，企業実習を組織してきたのはまさに，最低限の「応用的能力」を育成するためといえる。ただし，キャリア教育であるためには，その実践への変換プロセスに，仕事世界への誘い，当該専門にかかわる職業人の仕事内容，キャリア形成への展望，つまり専門（職業）を担う人間・自分（学生）との関わりを扱うこと，「キャリアへの気づき・探索・意思決定・プラニングを含む」ことが必要である（Hoyt, 1974, p.6／Public Law, 1984）。

　坂本・鈴木・柴田・寺田（2009）は，名古屋大学における教養科目や各学部の専門科目の授業を観察し，それを「理論的―実践的」「説明的―研究的」という2軸で分類・分析し，図9-5，9-6のように，専門科目におけるキャリア・仕事世界への関連づけの可能性を検証している（pp.143-144）。

5．大学教育とキャリア教育の接点

　結論的に，大学教育とキャリア教育とを教育目的（能力論）の視角からまとめれば，図9-7のような関係になろう。キャリア教育の目的に上げられる「基礎力」「汎用的能力」，そこには当然専門的能力を含むべきであるが，それらは社会・仕事世界からみれば，「基礎」であるが，大学教育の側からみれば，まさに「応用力」の部分であり，ここに大学の専門教育・教養教育とキャリア教育の間に接点が存在するといえよう。

　さらに，このような授業展開をより意図的に進めるためには，漫然と専門の授業を計画・実践するだけでなく，授業計画段階，シラバス作成段階において，どういう専門応用能力（専門的な知識・スキルに関するものであれ，思考力・問題解決力，プレゼンテーション能力，情報処理能力など）であれ，金沢工業大学のシラバスのように，明確に目標化，内容化することが重要となる（図9-8）。

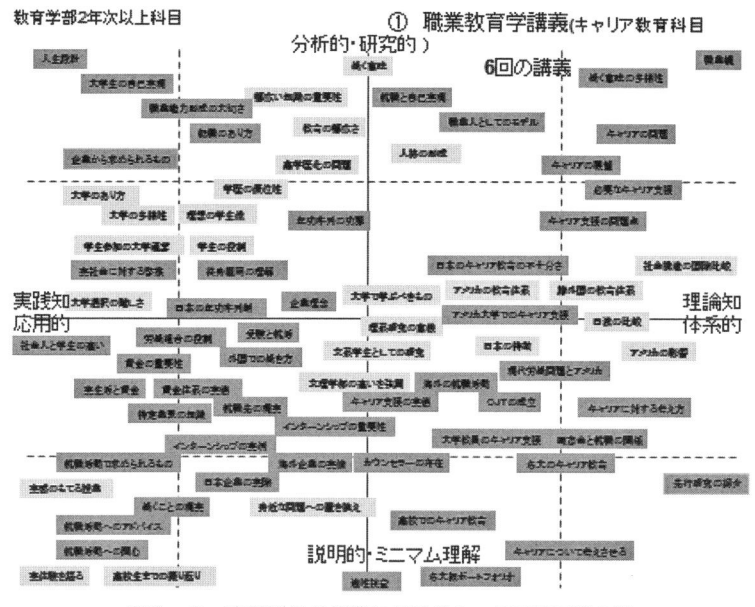

図9-5　専門科目の授業におけるキャリア的展開の例

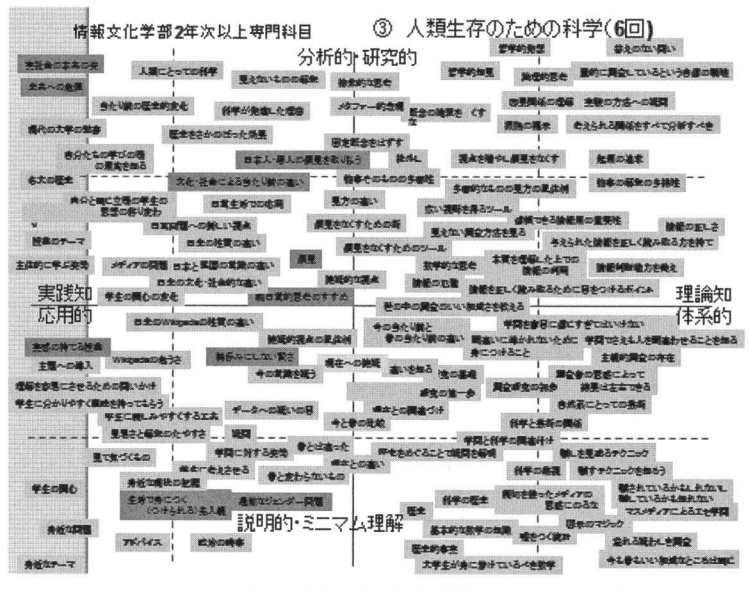

図9-6　教養科目の授業におけるキャリア的展開の例

第9章　大学生のキャリア形成と大学におけるキャリア教育

社会人基礎力＝学習応用力

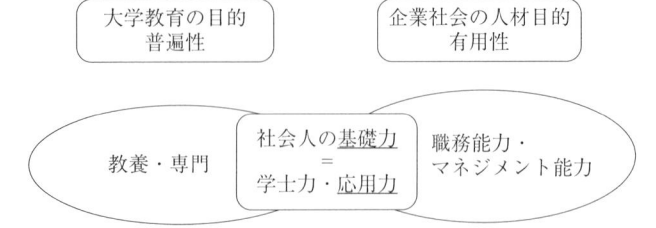

```
   大学教育の目的           企業社会の人材目的
     普遍性                   有用性
```

```
              社会人の基礎力
  教養・専門      ＝        職務能力・
            学士力・応用力    マネジメント能力
```

図9－7　大学で養う専門能力と社会人基礎力の関連図（寺田作成）

授業科目区分	科目名	単位	科目コード	開講時期	履修条件
基礎実技教育課程 基礎実技科目 基礎実技	プロジェクトデザイン I Design Project I	2	0125-01	1期(前学期)	修学規程第5条 別表第2を参照

担当教員名	研究室	内線電話番号	電子メールID	オフィスアワー

授業科目の学習教育目標

	キーワード	学習教育目標
1	情報の収集と分析	いろいろな解が存在する身近な実社会の問題に対する技術者としての取り組み方を学ぶ。「問題を見つけ出し」，「問題の内容を明らかにして解決すべき具体的な課題を設定し」，「設定した課題に対して，達成すべき目標を決定し」，「多数のアイデアを考え出し，これ等をさらに改善して課題を解決する」活動に取り組む能力を育成する。授業はチーム活動を主体に進め，社会で役立つチーム活動能力の育成と成果をまとめて文章および口頭で発表する能力（プレゼンテーション能力）等人間力の育成にも重点を置いている。
2	設計仕様	
3	アイデアの創出と改善	
4	チーム活動	
5	プレゼンテーション	

No	学科教育目標 （記号表記）	学生が達成すべき行動目標
①	H	いろいろな解が存在する問題に手順を踏んで取り組むことができる。
②	H	市場に出回っている製品や顧客の要望等の情報を収集し，分析することができる。
③	H	達成すべき目標（ゴール）を設計仕様として定めることができる。
④	H	アイデア（着想）を創出し，その改善ができる。
⑤	H	チーム活動を行うことができる。
⑥	H	自分たちの活動成果を解りやすくまとめて，プレゼンテーションできる。

達成度評価

指標と評価割合	評価方法	試験	クイズ 小テスト	レポート	成果発表 (口頭・実技)	作品	ポートフォリオ	その他	合計
	総合評価割合	0	30	25	15	0	0	30	100
総合力指標	知識を取り込む力	0	5	0	0	0	0	5	10
	思考・推論・創造する力	0	10	10	0	0	0	5	25
	コラボレーションとリーダーシップ	0	10	5	5	0	0	5	25
	発表・表現・伝達する力	0	0	10	10	0	0	5	25
	学習に取り組む姿勢・意欲	0	5	0	0	0	0	10	15

※総合力指標で示す数値内訳は，授業運営上のおおよその目安を示したものです。

図9－8　金沢工業大学のキャリア目標を組み込んだシラバス
出典：文部科学省，2011

参考文献

EFCE(2005)Bologna Recommendations 2005.www.efce.info/Bologna_Recommendation.html, http://archive.ehea.info/folder?year_selected=4&issued_by=349（2014. 4.7）, http://www.tcd.ie/teaching-learning/academic-development/assets/pdf/dublin_descriptors.pdf., 2014.4.7.

Hoyt, B. Kenneth（1974）*An Introduction to Career Education; A Policy Paper of the Office of Education,* Washington, D. C.

香山リカ（2004）『就職がこわい』講談社.

国立大学協会教育・学生委員会（2005）「大学におけるキャリア教育のあり方―キャリア教育科目を中心に―」.

小杉礼子（2007）『大学生の就職とキャリア―「普通」の就活・個別の支援』勁草書房.

文部省・中央教育審議会（1999）「今後の初等中等教育と高等教育の接続の改善について」（答申）.

―――（2008）「学士課程教育の構築に向けて」（答申）http://www.meti.go.jp/topic/downloadfiles/e40423bj1.pdf

―――（2010）「今後の学校におけるキャリア教育・職業教育の在り方について」（第二次審議経過報告）

―――（2011）「今後の学校におけるキャリア教育・職業教育の在り方について」（答申）

文部省・中央教育審議会大学分科会質保証システム部会（2009. 12）「大学における社会的自立・職業的自立に関する指導等（キャリアガイダンス）の実施について」（審議経過報告）http://www.mext.go.jp/b_menu/shingi/chukyo/chukyo4/027/siryo/attach/1287583.htm, 2014. 4. 12.

文部省・中央雇用対策協議会・議事録（1987. 10. 5）「就職協定協議会（仮称）の構想について」（田中宣秀氏資料提供）

文部科学省（2011）「http://www.mext.go.jp/component/b_menu/shingi/giji/_icsFiles/afieldfile/2011/12/20/1314248_1.pdf」.

文部科学省・キャリア教育の推進に関する総合的調査研究協力者会議（2004. 1）「報告書―ひとり１人の勤労観, 職業観を育てるために―」.

文部科学省・厚生労働省・経済産業省・内閣府（2003）「若者・自立挑戦プラン」.

名古屋大学現代 GP キャリア支援・教育開発センター（2009）「平成 18-20 年度　名古屋大学現代 GP：専門教育型キャリア教育体系の構築　最終報告書」.

内閣府政策統括官（2009）「第 8 回　世界青年意識調査」平成 21 年 3 月, http://www8.cao.go.jp/youth/kenkyu/worldyouth8/html/2-3-4.html#1.

Public Law（1984）98-524-Oct.19, Sec.332.

内閣府政策統括官総合企画調整担当（2004）「第 7 回世界青年意識調査結果概要速報」.

労働政策研究・研修機構（2014）「大学・短期大学・高等専門学校におけるキャリアガイダンスと就職支援の方法―就職課・キャリアセンターに対する調査結果」『調査シリーズ』No.116.

坂本將暢・鈴木庸介・柴田好章・寺田盛紀（2009）「専門科目におけるキャリア教育科目を対象とした授業研究―社会生活に生かせる専門能力の育成のあり方と可能性を探って―」『名古屋大学大学院教育発達科学研究科紀要』（教育科学）第 56 巻第 1 号.

田中宣秀（2007）「インターンシップはどのように始まったのか」高良和武監修『インターンシップとキャリア―産学連携教育の実証的研究』学文社.
―――（2010）「インターンシップの原点に関する一考察」『生涯学習・キャリア教育研究』（名古屋大学大学院教育発達科学研究科）第6号，9-10.
寺田盛紀（2009）「キャリア教育・職業教育のあり方について（中央教育審議会キャリア教育・職業教育特別部会プレゼンメモ）」http://www.mext.go.jp/b_menu/shingi/chukyo/chukyo10/shiryo/attach/1266425.htm.
寺田盛紀・長縄祐里（2011）「文系学生の就職不安とその解消方法―名古屋大学学生への質問紙調査の結果から―」『生涯学習・キャリア教育研究』（名古屋大学教育発達科学研究科）第7号.
寺田盛紀（2011）『日本の職業教育―比較と移行の視点に基づく職業教育学―』（初版第2刷）晃洋書房.

第10章
企業社会における成人のキャリア形成と教育訓練
―労働市場論・キャリア移動の側面から―

　本章では，生徒・学生がまだ体験しない就職後の成人のキャリア形成の問題に焦点を当てる。ここでは，キャリア形成をめぐる労働経済的，社会的側面（外的キャリア），さらにそれに働きかける教育環境的側面が描かれる。

1．労働市場論とキャリア発達論からみたキャリア形成

1-1　日本的経営の「三種の神器」と内部労働市場論をめぐって

　1970年代以降，OECDや欧米諸国で，年功制，終身雇用，企業別組合という「三種の神器」によって特色づけられる「日本的経営」（津田責任編，1982, p.34・47他）に関心が集まったことがある。それに先んじて，さまざまな日本文化論に関する書物が外国人の手によって刊行された。例えば，ドーアの英国と日本のメーカー関係に関する工場内労働文化の比較社会学研究（Dore, 1973）がその例である。「三種の神器」のなかでも，年功制がもっとも日本的ともいえる特質である。

　隅谷三喜男によれば，わが国における特徴的な労働市場，つまり労働者にとってのキャリア形成（当時は熟練形成）は，すでに1950年代以降の年功制の成立論議（明治時代以降の農民層の分解過程や江戸時代以降の武士層の分解過程）の問題として論じられていたという（隅谷, 1976, Ⅵの1）。また，間（1978）のように，大正時代の労使協調主義，職場コミュニティーの形成に求める者もいる。

　しかし，その議論が第二次世界大戦後の「独占段階の労使関係として説明しよう」とする機運が起こったとき（隅谷, p.174），アメリカでも「内部労働市場論（internal labor market theory）」が勃興し，デリンジャーとピオリがアメ

リカの労働局の奨学金の援助により実証的にまとめ、体系化した博士論文（Doeringer, Peter B. & Piore, Michael J., 1970）がこの理論を一層印象づけたのである。

1−2　デリンジャーとピオリの内部労働市場論

ピオリ（Piore, Michael J.）の指導のもとデリンジャー（Doeringer, Peter B.）は、1964〜69年にかけて75人以上の経営者、労働組合書記にインタビューし、以下のことを明らかにしている。

> ①スキルの企業特殊性（skill specificity）、On- the-Job Training、職場における定着を促す慣行（custom）を主要ファクターとする内部労働市場（internal labor market）が存在すること（pp.25-49）。②賃金等により労働者が内部市場に価値を置くこと、雇主が転職のコストを避けようとすること、後任者の補充や選抜訓練の能率を労使に誘発すること、労働者が内部市場への価値を高めることなどを通して、内部市場化が振興すること。③他方で、アメリカ企業には有色人種（Ⅶ章）、季節労働者、非労働組合員労働者、周辺的企業の労働者、障害者等の周辺的、第2市場（secondary market）と呼ばれる、一種の外部市場が存在すること（Ⅷ章）。④その彼らにこそ、外部型の政府支援人材育成プログラム（Governmental Sponsored Manpower Programs）が必要なこと。

内部型（日本のような縦断的労働市場）かそれとも外部型（西欧的な横断的労働市場）かという議論ではなかったことに注意しておく必要があろう。

1−3　小池らの内部労働市場論と「熟練形成」（＝キャリア）

小池和男は、代表的な日本＝内部労働市場論者である。すでに1977年の『職場の労働組合と参加―労資関係の日米比較―』で昇進・配転という意味で「キャリアの規制への参加」（小池, 1979, pp.11-12）を問題にし、また「内部化された浅いキャリア」（第3章）という言葉を用いて、企業内キャリア形成を論じている。

労働経済学者の「キャリア」概念はそのように職業的ポジションの移動という意味合いと、もう1つ「熟練形成」という職業能力形成上の、ある意味では

教育学と接しうる意味とを有している。1981年の『日本の熟練』では日本のホワイトカラーもブルーカラーも企業内労働移動を通じて「幅広い熟練」(pp.35-41) を身につけるという。1987年の小池・猪木の（『人材形成の国際比較—東南アジアと日本—』）になると，なお，熟練とキャリアが使い分けられているが，年功制，それは「年」の要素だけでなく，「功」＝「成績査定」，つまり功績の要素が評価されるシステム（小池，1977／1979, pp.6-9) のもとでの，キャリア形成の方向や内容が明確にされる。キャリアは「知的熟練」と表現され，「ふだんの作業（usual operation)」の経験蓄積に伴う「よこの広がり」と「たての広がり」の2方向，そして「ふだんと違った作業（unusual operation)」，つまり「変化への対応」と「異常への対応」を内容とする「仕事の深さ」の方向である。「たての広がり」と「仕事の深さ」の異同が不明であるが，その3方向はキャリア形成のベクトルであることが示された（小池・猪木，1987, pp.10-13)。これは，後述のシャイン（Schein, Edgar H.) の議論とかなり近似している。

1-4 シャインの外的キャリア発達の3方向

第2章で，シャイン（Schein, Edgar H., 1978）のライフサイクル論にもとづいたキャリア発達のステージについて概観した。彼のキャリア発達論の核心は次の2つであろう。1つはキャリアの「外的キャリア」の形成に関わるキャリア形成の3次元論であり，もう1つはその外的キャリア（移動）を経験するなかで形成される内的キャリアの原型（人生航海の船の錨役）たるキャリア・アンカー（career anchor) の議論である。ここでは，前者の外的キャリアに関する議論（図10-1）だけ，摘記しておく（以下，pp.37-39)。

第1の次元は階層次元，「垂直的」キャリア成長（"vertical" career growth) であり，通常は「階層上昇（*hierarchical* dimension)」の動きである。階層上昇があれば，当然階層の下降移動もある。これは，社会学がこれを上昇移動，下降移動という社会移動（social mobility) の問題として扱ってきた問題であり，上述の小池がいうキャリアの「たての広がり」と同じことを意味している。

第2の次元は，垂直的キャリアに対する「水平的キャリアつまり横断的キャリア成長（"horizontal" or lateral career growth）」の次元である。図10－1では職能（Function）と表されている。労働者・職員は，1つの職能・職場にとどまることなく，さまざまな職能・職場を渡って，仕事の幅を広げていく。ときには，企業の枠を超えて，キャリアを広げていく。これは，小池がいう「よこの広がり」と同様のベクトルである。

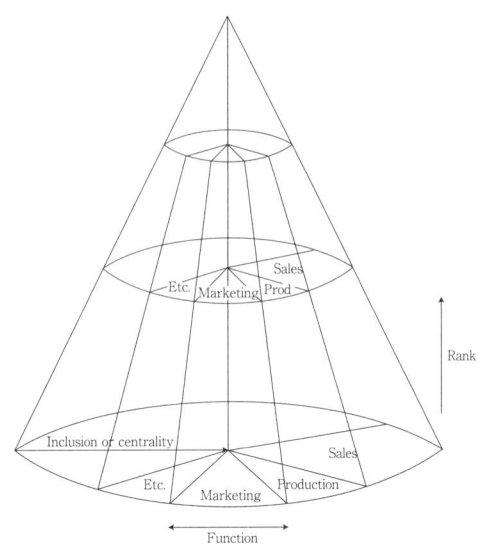

図10－1　シャインのキャリアの動きの3次元図
出典：シャイン，1978, p.39

　第3の次元が，小池の場合でははっきりしなかった「部内者化もしくはメンバーシップ次元（*inclusion or membership* dimension）」である。じつは，シャインは「部内者化」，これは上記ピオリとデリンジャーが問題にした「内部市場」「外部市場」とほぼ同じ議論である。シャインは，この次元を「人がより多くのことを学習し，職業や組織における年長者から信頼をされるようになり，終身雇用権（tenure）を得，責任を獲得するにつれて，彼／彼女はうまく部内者化もしくはメンバーシップの次元に沿って組織の中心に移動していく」（p.38）と説明している。

　"tenure"という言葉が使われているので，この次元はまさに，ピオリとデリンジャーが述べた内部市場，外部市場の分かれ目の議論といえよう。外部市場にはもちろんテニュアをもたない比較的厚遇の，長勤続の従業員や横断的に移動してくる層が存在するとはいえ，「第2市場」（マイナーかつ労働条件がすぐれない層）を想定していたものといえる。それは，近年の日本の非正規雇用層

を想起させるものである。

2．日本の企業社会におけるキャリア形成・職業移動は内部型だけか

ところで，小池は，上記のようなシステムを採る日本は「超先進国」（1981のⅠ章1のサブタイトル）であり，国内外（先進国，途上国），企業規模（中小企業）などを問わない「普遍性と強み」（小池，1994，書名サブタイトル）だという。これが，「内部労働市場論争」なる議論，研究転換を引き起こすのであるが，実際のところ，日本の企業社会における職業人生が，単に終身雇用と年功制に支えられた内部形成型なのかどうか確認しなければならない。

2－1　国際比較研究

小池・猪木らの研究グループの先進国比較調査研究（1987, 2002），そのなかの佐藤博樹論文（2002）「キャリア形成と能力開発の日独米比較」はわが国の職業人のキャリア形成メカニズムを分析する際の方法的示唆を与えている。

(1)　現職までの他社勤務経験

この点について，企業規模，学歴など多様であるが，日本（1567人），アメリカ（752人），ドイツ（674人）の人事，経理系の課長職に対するアンケート調査の結果から，まず，表10－1を引用する。勤続年数でいうと，例えば大卒以上の場合（日本は86.2％，アメリカは院卒60.9％を含め93.6％，ドイツ51.2％），「現在の会社のみ勤務」（経験）ありが日本がじつに81.5％（「他社勤務経験あり」は18.2％），アメリカがわずか18.1％（「3社以上」54.5％），ドイツが28.3％（3社以上は46.4％）である。ドイツの大卒以上の比率が少なく，「短大卒以下」は41.8％の回答率になっているが，その中に大卒と区別される相当数の専門大学（Fachhochschule）卒者が含まれているためだと思われる。いずれにせよ，アメリカ，ドイツにも内部キャリア形成型が一定割合存在するとはいえ，やはり，わが国では圧倒的に長勤続，同一企業内キャリア形成志向がうかがえる。

(2)　課長前の仕事・職能経験

さらに表10－2からも，同様のことが観察される。仕事の中身（職能）の

表10-1　現在の会社を含めこれまでに勤務した企業数（日米独比較）

(%)

	日　本 計 (1,567人)	アメリカ 計 (752人)	ドイツ	
			計 (674人)	うち規模1,000人以上 (424人)
現在の会社のみ勤務	81.5	18.1	28.3	33.0
他社勤務経験あり計	18.2	81.8	70.3	65.8
2　社	13.3	27.3	23.9	23.6
（3社以上の合計）	(4.9)	(54.5)	(46.4)	(42.2)
3　社	3.5	23.3	24.9	22.4
4　社	1.0	15.6	11.9	11.1
5社以上	0.4	15.6	9.6	8.7
無　回　答	0.2	0.3	1.3	1.2

注：アルバイト，研修，出向等を除く。
出典：佐藤，2002，p.251

表10-2　当該職能で課長を育成するために望ましいキャリア（日米独比較）

(%)

	日　本 (1,567人)	アメリカ (752人)	ドイツ (674人)	
				うち 規模1,000人以上 (424人)
(1)当該職能の中で1つの仕事を長く経験する	0.6	1.0	3.6	2.4
(2)当該職能の中で2，3の仕事を長く経験する	9.0	23.8 ②	5.8	5.2
(3)当該職能の中で数多くの仕事を長く経験する	16.1 ②	57.0 ①	36.2 ①	37.0 ①
(4)当該職能だけでなく，別の職能の仕事を経験する	56.9 ①	13.5	30.7 ②	30.4 ②
(5)数多くの職能の仕事を経験する	16.1 ②	3.6	15.4	16.3
(6)その他	0.6	0.5	5.0	5.7
(7)無回答	0.8	0.5	3.3	3.1
備考　(4)+(5)	72.9	17.1	46.1	46.7

出典：佐藤，2002，p.257

レベルでの経験において，日本は「当該職能だけでなく，別の職能の仕事を経験する」ことが課長前キャリアとして有効という回答に集中し（56.9%），他方アメリカは「当該職能の中で数多くの仕事（job）を長く経験する」に集中し（57.0%），ドイツもアメリカとほぼ同様であるが（当該職能内での数多くの仕事が36.2%）日本と同様に別の職能の経験も多い（30.7%）。このような傾向から，佐藤（2002）は概ね以下のように結論している（（　）は筆者の補注）。

> 「アメリカでは当該職能内の幅広い（職務）経験が，日本では他の職務分野の仕事（職能）の経験が，ドイツでは（同一職種内の）幅広い仕事の経験と他の職能（職種）分野の仕事の経験の両者がそれぞれ重視されている。(p.257)

2－2 寺田の若干の事例インタビュー調査

つぎに，佐藤らの統計的調査を確かめるために筆者代表の報告書（寺田，2008）と筆者自身のインタビュー経験（2005年）から，アメリカ，ドイツにおける労働者・職員のキャリア形成の実例の一端を紹介し，佐藤らの統計的調査を確かめておきたい。

(1) アメリカ・オハイオ州の製造業企業でのインタビュー

　① オハイオ州の5つの製造業企業の採用と企業内教育から

オハイオ州の5つのいずれも世界的製造業企業に対する採用活動（新卒採用と中途採用（経験者）），またそれぞれに対する教育活動（いわゆる企業内教育）については，上記報告書（寺田，2008「第1章　アメリカ　4．企業インタビュー」pp.46-51）から企業内キャリアの形成状況をみてみよう。

まず，人事採用においては，学卒新人採用と中途採用の2つがあり，中途採用の新聞広告募集がメインとなり，いわゆる「特急組」といわれる新卒採用（テクニシャン，エンジニアなど）の場合は，大学の就職部とコンタクトをとる。つぎに，いわゆる新入社員教育というような系統だったものはないけれども，1日程度のオリエンテーションプログラムや短期間のOJTなどが行われる。企業内での教育が賃金やキャリア昇進に連動するのは，1企業の機械熟練分野のみであった。

② そのうち1つの鉄鋼加工企業でのインタビュー

そのうち1つのW工業は，従業員は10カ国，約8000人を擁する世界的企業である。オハイオ州コロンバス工場には，約1200人の従業員が働いていた。同企業人事担当者に対して行ったインタビュー結果を紹介する。

熟練工はハイスクール卒であり，技術者，オフィスのホワイトカラーはたいてい大卒である。しかし，50～55％程度（半分以上），うち35％程度は「若者」の中途採用組である。90日間の試行期間内に1～6日のならし訓練，4日間のスキル講座，5日間の問題解決講座などが行われる。いわゆる学卒新入社員に対する特別の訓練は存在しない。

製造部門では，賃金はわずか3ランク（初級=helper, 中級=senior operator, 上級=top operator）しかないが，3カ月ごとの人事評価（1000～4000点での評定）を経て，3年ごとに昇給変更が可能である。チームワーク，スキル，教育量などが評価される。3年間の1部署での仕事（job）を終えると，次の仕事に回される。つまり，ローテーションである。

同様に，マネジメント（ホワイトカラー）分野でも，area manager, super independent, operator manager の3ランクがある。

(2) ドイツ・ボーフムの自動車工場でのインタビュー

同様に，2000年一桁台のドイツのある大手自動車企業（ボーフム工場，2004年現在で約1万人就労）の採用，昇進の例をみてみる。

まず，従業員構成は労働者約9100人（内熟練労働者であるFacharbeiterが約80％），管理職員約890人（うち伝統型大卒146人，専門大学卒163人，マイスター・テヒニカーなどのデュアルシステム修了者が362人）となっている。熟練系についてのみ述べると，デュアルシステムで自社の訓練を受けた者がほぼ全員熟練工として採用される。商工会議所での熟練工試験の成績（全体のうち35％），社内での訓練の成績（15％），職業学校の成績（50％），そして人格的な評価も行われる。デュアルシステムから正規の熟練社員への採用は，大企業の場合，極めて内部志向である。

採用後のキャリア形成に関しては詳しく聞き取れなかったが，熟練工からテ

ヒニカーやマイスターに昇進する際，外部の試験，学校などに通いながらそれぞれ横断的資格を取得し，企業内で昇進するケースと，外部市場（他企業）でそれらの職階に昇格する場合と，2通りがある。後者の場合，ときには仕事（会社）をやめて，マイスター学校（Meisterschule）やテヒニカー学校（Technikerschule）に通って，他企業での採用を待つ。

一般労働者の賃金・キャリア段階は，地方（エッセン，ハーゲン，ケルン，ミュンスターの各地区に適用）の産業別・職業別の賃金協約（Lohnrahmenabkommen）により，金属労働者の場合，10段階の横断的熟練等級になっている。A～Cまでが不熟練工，D～Jまでの7段階が熟練工である。ただし，H～Jの上級3段階はMateltarifと呼ばれ，企業内プレミアが付されることが多い層である。その割合は，全従業員の14％程度である。

同工場の場合，D～Gが9000人くらいのうち約70％，H～Jが22％程度である。わが国なら，正社員の場合，毎年わずかでもベースアップするのが普通であるけれども，1年間で賃金グループが変更されるのは，300人程度とのことであった。昇格は，外部（商工会議所等）の講座への参加，ジョブ・ローテーションなどを通じて，本人が申告し，人事部が案を作成し，企業内従業員評議会（Betriebsrat）に諮って決定する。その際，マイスターの評価役割が大きい。

2－3 複線型キャリア

このように，アメリカやドイツの成人職業人と比較したとき，日本の成人職業人のキャリア形成は内部型であるとか，欧米が外部型であるとか，そう単純には言い切れない。欧米比較という点では，わが国は明らかに内部市場志向であるが，もちろん，中途採用，外部キャリア形成志向が相当数存在するし，アメリカ，ドイツにも一定数，とくに大企業の場合，内部形成型も存在する。

(1) 日経連の雇用の3形態

しかし，考慮すべきことは，1995年日経連の「雇用の3形態」コンセプトの提案，あるいは労働法制の弾力化による非正規職や派遣職種の拡大以降，すでにこれらの不安定層が30～40％に達していることである。20～24歳代で

さえ，以前からもそうであるけれども，新卒正社員採用は60％弱，中小企業の場合はわずか43％程度，つまり半分前後が中途採用なのであった。つまり，終身雇用・年功型の内部キャリア形成は1つの理想モデルであったといえよう。

加えて，シャインや小池などが提起したキャリアの「よこへの広がり」「水平的移動」は，事務系職員にとってはそれほど自由がない。技術・技能系から事務系，販売系などへの移動はあっても，その逆は不熟練職でない限り，ありえないことだからである。

(2) 5つのキャリア・パターン

さらに，正規従業員層にしても，そのキャリア形成は一様ではない。以上からすれば，わが国の就職後の若者および成人職業人のキャリアは，仮説的には，①技術・専門系の「同一職能内キャリア形成（移動）型」（アメリカ型），②技術・専門系よりも移動幅のやや狭い技能系の「同一職能内キャリア形成型」，③製造職能に回ることはない事務系の「多職能キャリア形成型」（日本型），④年俸制や派遣仕事などの有期雇用層の「職種内キャリア形成型」（一種のドイツ型），⑤非正規雇用・短期就労者の「キャリア不安定形成型」の少なくとも5つのパターンが存在する。

3．就職後の職業能力開発・企業内教育

就職後のキャリアについて考察するとき，従来ともすると，企業内人生における企業内教育を論じるだけでほぼ済まされてきた。しかし，2000年代以降，就職後の職業キャリアのメカニズムは上記のような複線型の志向が顕著になってきている。であれば，キャリア形成を促す教育訓練も多様なものとならざるを得ない。

3－1　民間企業におけるキャリア形成促進制度（慣行）
(1) 配置転換とジョブ・ローテーション
　① 定期配置転換
能力形成や昇進・昇格に随伴し，かつ効果的であるのがわが国企業にかなり

特有の配置転換，それも大規模企業の場合の定期的配置転換である。従業員は，通常2年ないし3年ごとに，また新興企業の場合は，しばしば半年，1年で配置転換される。この慣行は，取り立てて従業員の内的キャリア（シャイン風にいえば，能力・動機・価値）に配慮して行われるものでなく，わが国特有の新卒一括採用と定年制に伴う後任補充の「玉突き」人事としてなされる。しかし，とくにキャリアの「よこ」「たて」（責任）の広がりをつくるという点では，極めて効果的といえる。

② ジョブ・ローテーション

1960年代後半ごろからオートメ化が進行し，人間疎外とか労働からの疎外という現象が指摘されることが多くなったとき，「労働の人間化」とか従業員の仕事への満足ということが課題になった。その際に使われはじめ，とくに生産現場に導入された施策がジョブ・ローテーションである。職場内での作業担当部署の交代・移動という点で，職能や職場を超えて移動がなされる配置転換とは区別されるこの方策も，従業員キャリアの水平的拡張という点ではおおいに効果的である。その実態に関する検証はあまり知られていないが，産労総合研究所（2007）の調査報告書から，一端を示しておく（図10－2）。

同研究所会員企業2800社あてで，わずか191社回答の調査結果であるので，どれが多い少ないということがいえないが，相当数の企業（25.0％）が各回答項目を「キャリア開発」のための施策として位置づけていることがわかる。しかも，それは「育成に配慮した系統的な」という条件がついた誘導尋問的質問でさえ，4分の1程度の企業が実施しているわけである。

(2) 企業内職能等級制度とたてのキャリア

他方，たてのキャリア，役職配置転換は1960年末の日経連の研究会が打ち出した「職能等級制度」をモデルにした企業内の職階制度（図10－3）で管理される。今日では，中・大規模企業のいずれもが，このような制度のバリエーションを築いている。図10－4は愛知県内の世界的製造業メーカーの企業内等級制度とそれに対応した教育体系図である。

このように，わが国の正社員は企業内の独自の能力評価制度に対応した企業

(複数回答，％)

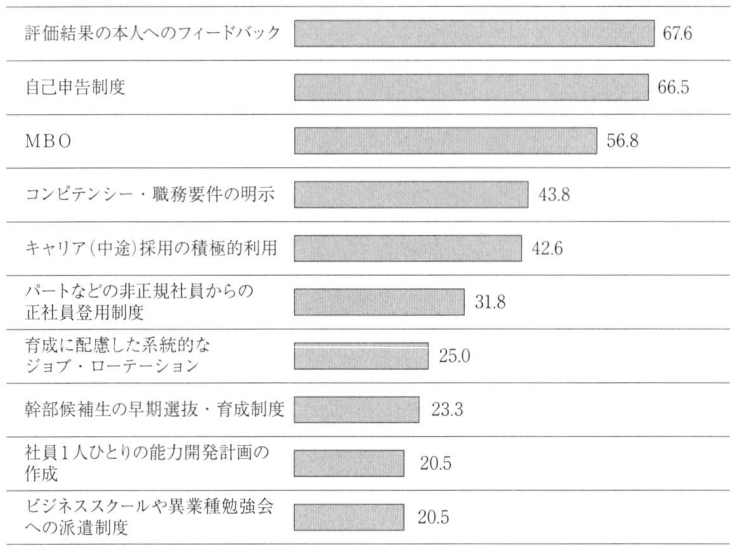

項目	割合
評価結果の本人へのフィードバック	67.6
自己申告制度	66.5
MBO	56.8
コンピテンシー・職務要件の明示	43.8
キャリア(中途)採用の積極的利用	42.6
パートなどの非正規社員からの正社員登用制度	31.8
育成に配慮した系統的なジョブ・ローテーション	25.0
幹部候補生の早期選抜・育成制度	23.3
社員1人ひとりの能力開発計画の作成	20.5
ビジネススクールや異業種勉強会への派遣制度	20.5

図10-2　キャリア開発支援制度の実施状況

出典：産労総合研究所，2007，p.5

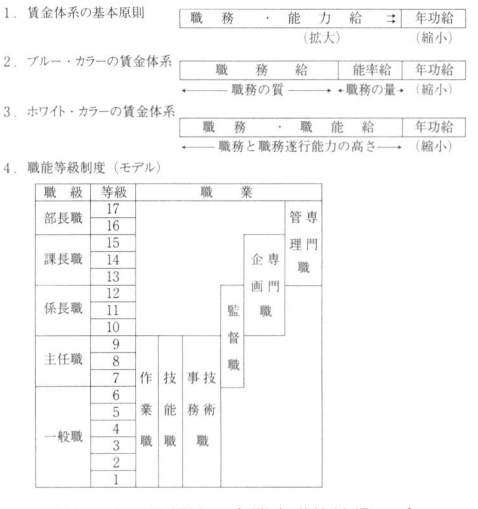

1．賃金体系の基本原則　　職　務　・　能　力　給　⇄　年功給
　　　　　　　　　　　　　　　　　　（拡大）　　　（縮小）

2．ブルー・カラーの賃金体系　職　務　給　｜　能率給　｜　年功給
　　　　　　　　　　　　　　←　職務の質　→←職務の量→（縮小）

3．ホワイト・カラーの賃金体系　職　務　・　職　能　給　｜　年功給
　　　　　　　　　　　　　　←　職務と職務遂行能力の高さ　→（縮小）

4．職能等級制度（モデル）

職　級	等級	職　業			
部長職	17				管理職／専門職
	16				
課長職	15		企画専門職		
	14				
	13				
係長職	12			監督職	
	11				
	10				
主任職	9				
	8				
	7	作業職	技能職	事務職／技術職	
一般職	6				
	5				
	4				
	3				
	2				
	1				

図10-3　日経連の企業内職能等級モデル

出典：日本経営者団体連盟，1969，p.50

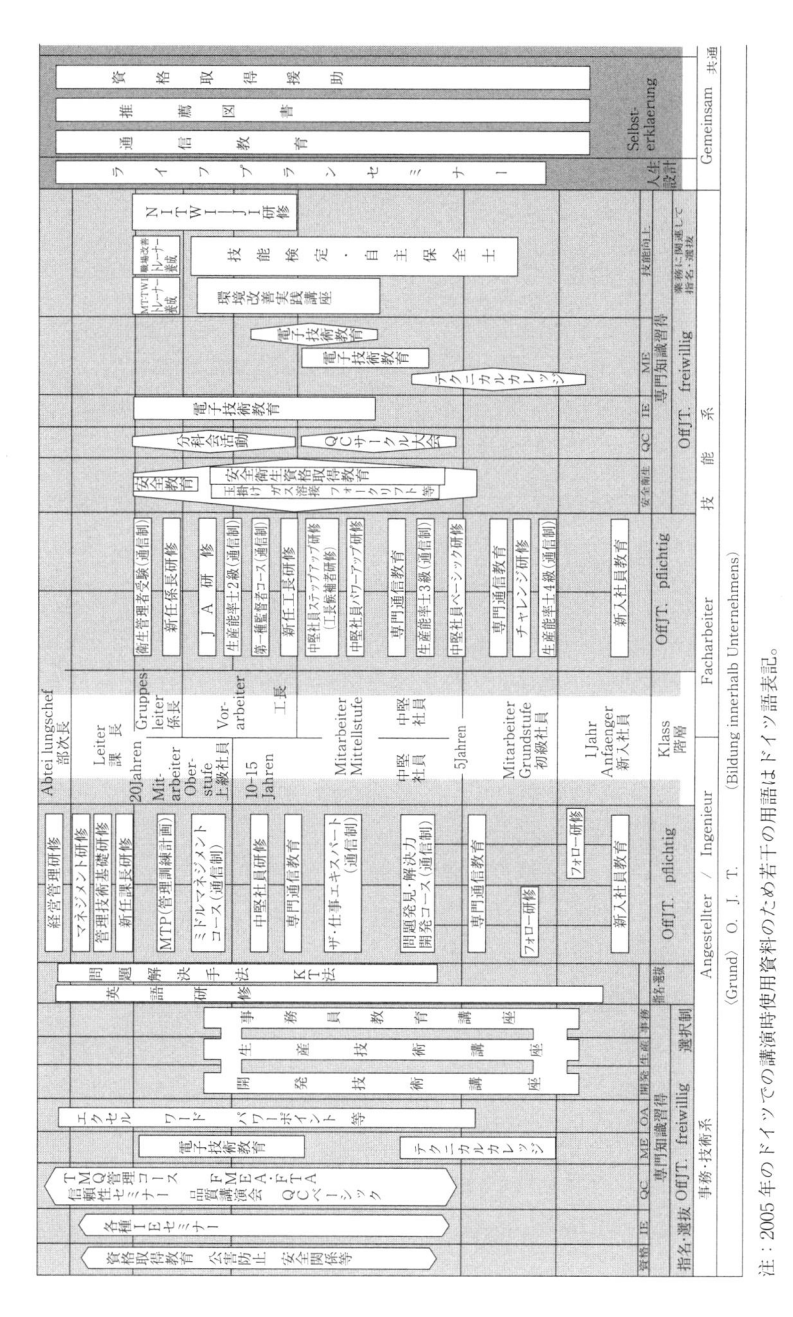

図10−4 A民間大企業（製造業）の従業員等級と教育の体系図

注：2005年のドイツでの講演時使用資料のための若干の用語はドイツ語表記。

内教育訓練を積み重ねて，キャリアをたて方向に形成していく。それはスキルの横断的評価を欠いたものであり，多分に勤続年数と上司の人事考課（仕事能力や人格的要素の評価）によるものなのである。

3 − 2 　従業員教育
(1) 　Off JT・OJT・自己啓発

図10 − 3や図10 − 4でみたように，わが国の民間中・大企業の従業員キャリア開発，とくに企業内教育といわれるシステムは，階層別の従業員教育（管理職候補の教育）である Off JT（Off the Job Training）と職場ごとの職務能力の育成教育である OJT（On the Job Training），そして自己啓発と呼ばれるものに大別される。しかも，それらは事務系（大卒），技術系（大卒），技能系（高卒）別の体系になっている。

Off JT は第二次世界大戦直後，日本企業の民主化の一環としてアメリカ占領軍や労働省等を通して民間企業や公務の世界に普及してきたものである。

なかでも，TWI（Training Within Industry：現場第一線監督者訓練）やMTP（Management Training Program：管理者訓練計画）などは，よく知られた階層別集合教育である。OJT も元来，TWI のなかの，JM（Job Method：仕事の改善の仕方），JR（Job Relationship：人の扱い方）と並ぶ1つの訓練モジュールである JI（仕事の教え方 = Job Instruction）として導入されたものである。その後相当改善されて，今日では過半の企業で実施され，監督者の部下管理を通して定着している（寺田，2011，第9章）。

(2) 　日本の強みである OJT

図10 − 5は，そのうち OJT の実施状況に関する毎年行われる厚生労働省の調査結果である。産業別，企業規模別に凸凹があるけれども，全体で新入社員でさえ，50％程度（厚生労働省，2013a，p.15）でしか実施されておらず，1990年代に70〜80％程度で実施されていたことを考えると，その低下傾向は否めない。Off JT になると，中堅社員や管理職層を中心に実施率がやや高くなるが，それでも50〜60％である（同上，p.12）。

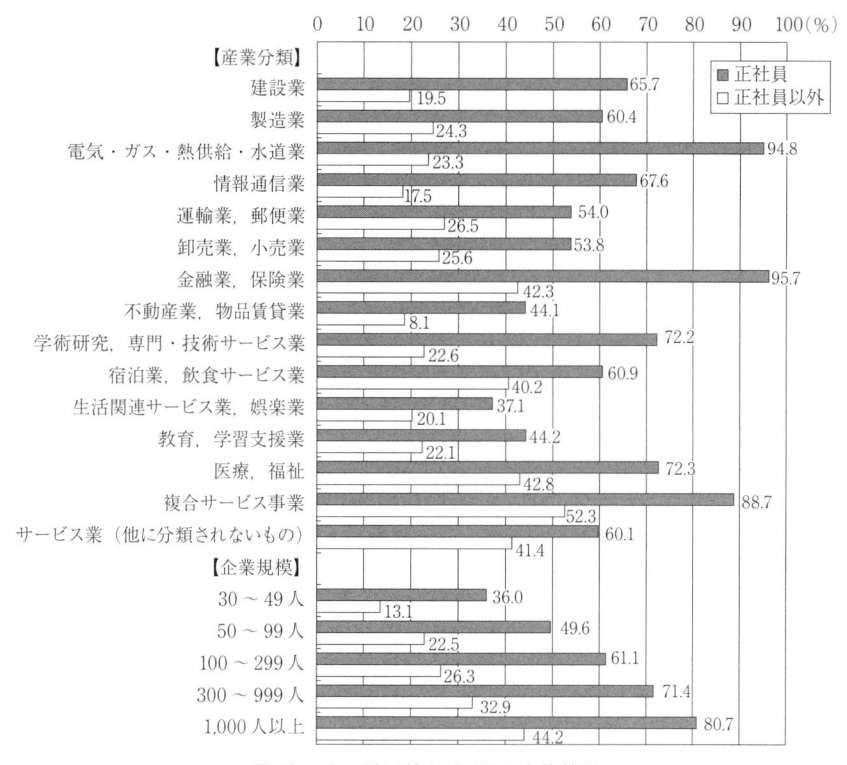

	正社員	正社員以外
【産業分類】		
建設業	65.7	19.5
製造業	60.4	24.3
電気・ガス・熱供給・水道業	94.8	23.3
情報通信業	67.6	17.5
運輸業，郵便業	54.0	26.5
卸売業，小売業	53.8	25.6
金融業，保険業	95.7	42.3
不動産業，物品賃貸業	44.1	8.1
学術研究，専門・技術サービス業	72.2	22.6
宿泊業，飲食サービス業	60.9	40.2
生活関連サービス業，娯楽業	37.1	20.1
教育，学習支援業	44.2	22.1
医療，福祉	72.3	42.8
複合サービス事業	88.7	52.3
サービス業（他に分類されないもの）	60.1	41.4
【企業規模】		
30～49人	36.0	13.1
50～99人	49.6	22.5
100～299人	61.1	26.3
300～999人	71.4	32.9
1,000人以上	80.7	44.2

図10-5 計画的なOJTの実施状況
出典：厚生労働省，2013a

 Off JTとOJTの実施率がさほど変わらないというのは，奇妙な現象である。かつてのようにOJTがもっと高くなっておかしくはない。この理由として，そもそも「計画的な」という形容詞が付いていることに伴う，回答者のOJT概念の受け止め方が，両者にさほど違いがない印象を与えていることが考えられる。

 厚生労働省は，OJTと計画的なOJTをつぎのように定義している（厚生労働省，2013b）。

> OJT
> 　日常の業務に就きながら行われる教育訓練のことをいう。直接の上司が，業務の中で作業方法等について，部下に指導することなどがこれにあたる。

> 計画的な OJT
> 　日常の業務に就きながら行われる教育訓練のことをいい，教育訓練に関する計画書を作成するなどして教育担当者，対象者，期間，内容などを具体的に定めて，段階的・継続的に教育訓練を実施することをいう。例えば，教育訓練計画に基づき，ライン長などが教育訓練担当者として作業方法等について部下に指導することなどが，これに含まれる。

　厚生労働省がいう OJT についての質問であればもっと回答率が高くなるであろう。このような OJT は古賀によれば「PT-OJT」(Pure type OJT)」と呼ばれ，「計画的な」OJT は「MT-OJT」(Mixed type OJT) と呼ばれる。「計画書」「担当者」「期間」「内容」「段階的訓練」などまで，細かく条件づけると，自ずと Off JT に近づいていく。

　いずれにせよ，OJT や Off JT が正規職員には5，6割の企業でしか行われていないということ，しかも，それは実施企業の割合であって，従業員レベルでみれば，その率よりはるかに低くなる。

3-3　非典型のキャリア形成

　では，非典型とされる者たちに対する教育訓練，つまり能力形成はどうなっているのだろうか。ここでは，日本的年功的キャリア形成とは裏腹に，今日では一般的な潮流になった，いわゆるフリーターと呼ばれる層を念頭に置いた若者世代に対する教育と中高年失業者に対する教育訓練の問題について焦点を当てる。

(1)　**無業者・フリーターに対する教育訓練**

　1990年代には「学卒無業」「フリーター」問題が生起していたのに，10年以上，ほぼその状態改善が手つかずであった。しかし，2003年6月の文部科学省，厚生労働省など4省庁による「若者自立・挑戦プラン」で小学校から大学，職場定着に至るまでの一貫したキャリア教育や若年者雇用の改善が提起された（若者自立・挑戦戦略会議，2003）。そのなかで，「キャリア教育」と並んで提起されたのが，「日本版デュアルシステム」であり，若年労働市場の整備の一環として「トライアル雇用」（アルバイト従業員を試行的に雇用し正規作用を促す施策），さらに，近づきにくいハローワークでなく町中でサービスを受けられるジョブ

カフェ（キャリアコンサルティングなど）の整備などであった。

「デュアルシステム」というドイツの職業教育制度に由来する用語は，筆者を含む多くの研究者の業績（さしあたり寺田，2003）から知られていたし，2002年の東京都産業教育審議会の答申でも「東京版デュアルシステム」が提言されていた。若者自立・挑戦プランの提言のあと2003年12月に厚生労働省内に組織された「日本版デュアルシステム協議会」（座長筆者）は，主としてフリーター層の新制度での支援を前提に，①教育訓練主導型，②企業主導型の2つのタイプのデュアルシステムの創設を提言した。他方では，文部科学省も同じ制度を構想，展開することになった。

その後，厚生労働省所管のデュアルシステムは，2007年以降は「実践型人材育成システム」に位置づけられ，さらに2009年以降は，キャリアパスポート式のジョブ・カード制度などと結びつけられ，今日に至っている（以上の経緯については，日座・寺田，2010，p.30）。

現行のジョブ・カード制度は，図10－6のとおりである。ジョブ・カード取得者は多いが，デュアルシステム修了者はそう多くなく，2万人程度である。いずれも，数百万人にのぼるフリーターなど，不安定雇用層の存在からすれば，わずかな部分といえる。

(2) フリーター脱出効果

フリーターのことが語られ，その対策が多く論じられても，その効果研究はそれほど多くはない。少し以前の小杉の研究（小杉，2003）などにしても，表10－3のように，どういう若者，高校生，大学生がフリーターに多いか，というものが多かった。例えば，就職後の早期離職者（7・5・3現象）にしても，低学歴者ほど，また女性ほど多いことが指摘されてきた。しかし，どうすれば，当人が望めばそこから脱出し，正規職に至らせる支援がより幅広いキャリア形成につながるのかが課題であろう。低学歴者や女性に手厚い支援を施すばかりでは，この問題は解決しないであろう。現に，高学歴男子にもたくさんの非正規雇用が存在するのであるから。

そうすると，やはり，フリーターなど不安定雇用者のデモグラフィックな側

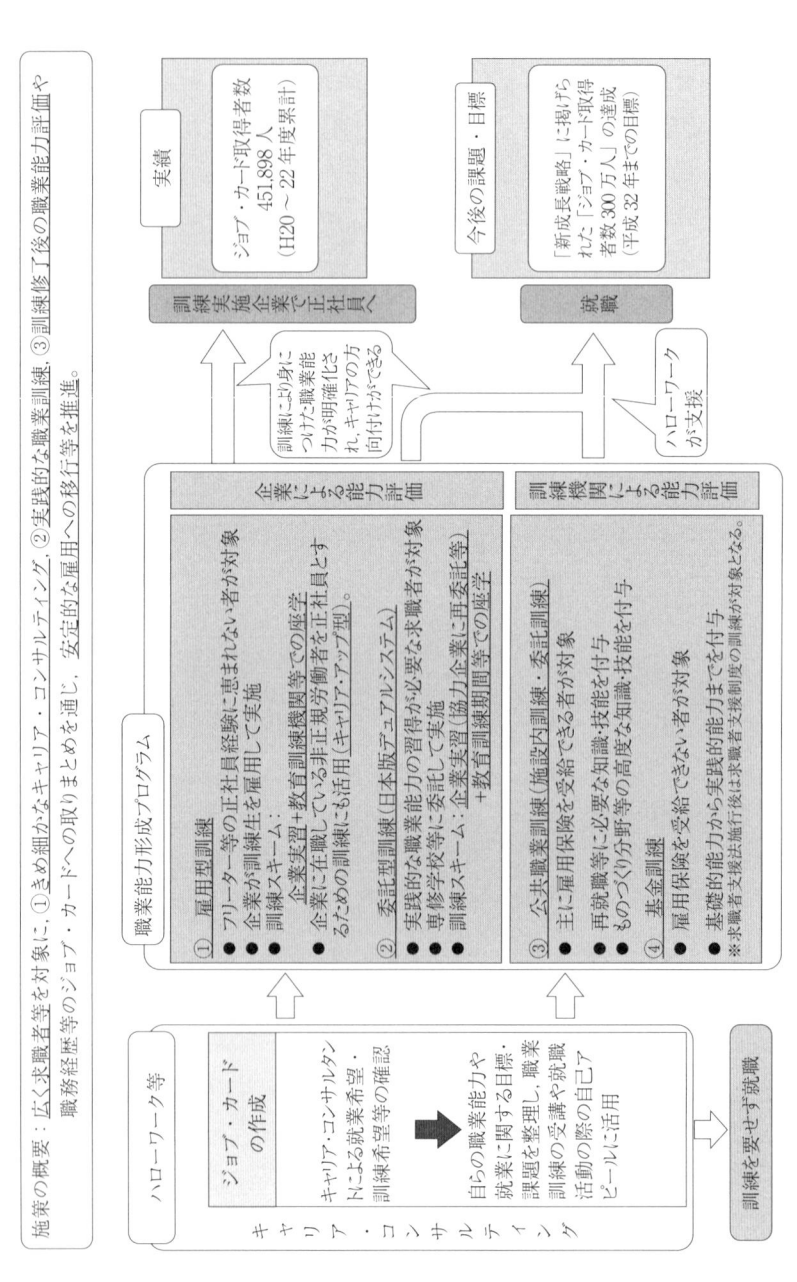

図10−6 ジョブ・カード制度

出典：厚生労働省，2011

表10－3　フリーターの出現率

	男女計	男性	女性（無配偶）
15～24歳計	19.6	15.4	23.9
中学・高校	24.0	17.5	33.3
短大・高専	16.8	14.3	17.9
大学・大学院	10.0	7.0	13.5
25～34歳計	7.1	4.0	15.0
中学・高校	9.1	4.5	24.3
短大・高専	7.9	5.1	10.7
大学・大学院	3.1	2.4	5.9

注：アルバイト・パート出現率は雇用者数（役員を除く）を100とした時のアルバイト・パートの比率。
出典：小杉，2003，p.10

面を強調するよりも，彼／彼女らに対する教育と彼／彼女らの変化のプロセスにこそ，目を向けていく必要がある。例えば，管見の限り，2006（平成18）年度以降，図10－5などを含む厚生労働省の「職業能力開発基本調査」も非正規雇用に対する教育訓練の実施状況を調査するようになってきている。

また，この分野の研究の拠点である労働政策研究・研修機構（JILPT）の仕事も徐々にそちらにシフトしてきているようである。同機構の表10－4に関わる研究もその1つである。それは2008年に25～45歳の就業者を対象に非正規社員のキャリアについて調査した結果（4024人回答）である。正規職員と非正規社員別に，そしてその1年の間の教育訓練受講の有無別に，「あなた自身，2007年4月（昨年4月）と比べて，現在では，以下のことに変化がありましたか」という質問の回答結果を集計し，クロスした結果が示されている。この表では，統計検定がなされていないが，受講歴ありのほうが正規職，非正規職いずれも自己評価得点が高くなっている。教育訓練受講の有無別に，勤続年数，学歴，婚姻の有無，企業規模などの変数を加えたプロビット分析を行うと，非正規社員の教育効果が正規社員のそれを2倍程度に，有意に上回るという（労働政策研究・研修機構，2010，p.121）。

表10－4　雇用形態別 Off JT の受講効果

Panel A 正社員

	(受講＝1)		(非受講＝0)	
	%	N	%	N
＜賃金＞				
賃金上昇率	0.00	680	－0.03	856
2008年賃金	7.39	769	7.28	956
＜主観的評価の変化＞				
スキルレベル	0.51	891	0.33	1114
仕事遂行能力	0.50	890	0.35	1114
＜生産性＞				
仕事の担当範囲	0.62	899	0.49	1123
仕事のレベル	0.61	899	0.45	1125
仕事上の責任の大きさ	0.59	898	0.46	1124

Panel B 非正規社員

	(受講＝1)		(非受講＝0)	
	%	N	%	N
＜賃金＞				
賃金上昇率	0.01	115	0.00	441
2008年賃金	6.82	139	6.81	510
＜主観的評価の変化＞				
スキルレベル	0.45	151	0.24	566
仕事遂行能力	0.46	151	0.25	566
＜生産性＞				
仕事の担当範囲	0.45	154	0.36	577
仕事のレベル	0.47	155	0.29	577
仕事上の責任の大きさ	0.41	155	0..25	577

出典：労働政策研究・研修機構，2010，p.116

参考文献

Doeringer, Peter B. Piore, Michael J.（1970）*Internal Labor Market and Manpower Analysis*, Harvard University and Massachusetts Institute of Technology, Cambridge, ERIC, Document, Resume, ED 048-457.

Dore, R. P.（1973）*British Factory-Japanese Factory: The origins of national diversity in industrial relations.* London, George Allen & Unwin.（ロナルド・ドーア（1987）山之内靖・永易浩一訳『イギリスの工場・日本の工場：労使関係の比較社会学』筑摩書房）

間宏（1978）『日本における労使協調の底流』早稲田大学出版部.

日座寛之・寺田盛紀（2010）「日本版デュアルシステムの導入と課題」『生涯学習・キャリア教育研究』（名古屋大学大学院教育発達科学研究科）第6号.

小池和男（1979）『職場の労働組合と参加―労資関係の日米比較―』第3刷，東洋経済新報社.

小池和男編（1986）『現代の人材形成』ミネルヴァ書房.

小池和男・猪木武徳編（1987）『人材形成の国際比較―東南アジアと日本―』東洋経済新報社.

小杉礼子（2003）『フリーターという生き方』勁草書房.

厚生労働省（2011），http://www8.cao.go.jp/youth/suisin/hyouka/part1/k_3/pdf/s1-8.pdf，2014.5.5.

―――「職業能力開発基本調査，平成25年度」（2013a）結果の概要，http://www.mhlw.go.jp/toukei/list/104-1_kekka.html，2014.5.5.

―――（2013b）用語の解説，http://www.mhlw.go.jp/toukei/list/104-1.html，2014.5.5.

古賀比呂志（1978）「企業内訓練の諸形態とOJTの特質」隅谷三喜男他編『日本職業訓練発展史 戦後編』日本労働協会.

日本経営者団体連盟（1969）「能力主義管理」（日経連能力主義管理研究会報告）.

―――（1995）「新時代の『日本的経営』―挑戦すべき方向とその具体例―」.

労働政策研究・研修機構（2010）「非正規社員のキャリア形成―能力開発と正社員転換の実態―」『労働政策研究報告書』No.117.

産労総合研究所（2007）http://www.e-sanro.net/sri/ilibrary/pressrelease/press_files/sanro_p071015.pdf

佐藤博樹（2002）「キャリア形成と能力開発の日独米比較」小池和男・猪木武徳編『ホワイトカラーの人材形成』東洋経済新報社.

Schein, Edgar H.（1978）*Career Dynamics: matching individual and organizational needs*, Addison, Wesley publishing Company, Massachusetts etc.

隅谷三喜男（1976）「年功制労使関係の再検討」『労働経済の理論』東京大学出版会.

寺田盛紀（2003）『新版 ドイツの職業教育・キャリア教育―デュスシステムの伝統と変容―』大学教育出版.

―――（2008）「職業・専門教育から職場教育へのカリキュラム移行に関する国際比較研究」平成17年度～19年度科学研究費補助金（基盤研究B）研究成果報告書.

―――（2011）『日本の職業教育―移行と比較の視点に基づく職業教育学―』（第2刷）晃洋書房.

津田眞澂責任編集（1982）『現代の日本的経営：国際化の時代』有斐閣.

若者自立・挑戦戦略会議（2003）「若者自立・挑戦プラン」 http://www.meti.go.jp/topic/downloadfiles/e40423bj1.pdf

あとがき

　「まえがき」で述べたように，キャリア教育やキャリアガイダンスに関する講座・領域，それを専門と名乗る研究者は，なお全く少数である。しかし，2010年の大学設置基準改訂によるキャリアガイダンス・教育の実施義務づけ以降，「キャリア形成論」「キャリアガイダンス論」「キャリアデザイン論」などの科目がほとんどの大学で開講されている。その意味では，若者世代に対するキャリア教育・キャリア形成は少なくとも，初等中等教育にとどまらず，大学教育における具体的な内容論の問題になっている。この種の研究の展開・深化が求められる所以である。本書がそのような課題に一翼を担えるものになっているかどうか，読者のご批判を待ちたいと思う。

　本書の各章の初出もしくは書き下ろしについて示せば，以下の通りである（連名表記以外は単著）。初出の章も，もちろん，相当部分書き改めている。

第1章：「日本の高校における職業教育・キャリア教育の課題―移行のためのコンピテンシー形成の視点から―」（名古屋大学大学院教育発達科学研究科職業・キャリア教育学研究室『職業とキャリアの教育学』第18号，2011年）と「キャリア形成（学）研究の構築可能性に関する試論」（名古屋大学大学院教育発達科学研究科附属生涯学習・キャリア教育研究センター『生涯学習・キャリア教育研究』第1号，2005年）の前半部を補筆・編集．

第2章：「キャリア形成（学）研究の構築可能性に関する試論」（同上）の後半．

第3章：「アメリカにおけるキャリア教育の展開とわが国における受容」（『生涯学習・キャリア教育研究』第3号，2007年）．

第4章：「我が国普通教育における前職業教育（Pre-vocational education）の展開と構造―陶冶論・教授論の葛藤関係の視点から―」（名古屋大学大学院教育発達科学研究科技術・職業教育学研究室『職業と技術の教育学』第17号，2006年）の一部および「キャリア教育の構造」（日本産業教育学会編『産業教育・職業教育学ハンドブック』大学教育出版，2013年，pp.169-171）．

第5章：「日本の高等学校における仕事の世界への移行と準備―そのシステム，実践，研究―」（『生涯学習・キャリア教育研究』第7号，2011年）．

第6章：「職業観形成の比較教育文化的研究（1）―日・中・韓・印ネの高校3年

生の進路形成と職業希望の様態―」(『名古屋大学大学院教育発達科学研究科紀要（教育科学）』第 56 巻第 1 号，2009 年) のⅢ及び「普通科高校生の大学への移行・進学過程―職業選択・職業観形成との関連で―」寺田盛紀編『キャリア形成・就職メカニズムの国際比較―日独米中の学校から職業への移行過程―』(晃洋書房，2004 年，第 1 章) の一部引用．
第 7 章：寺田盛紀・清水和秋・山本理恵「6 か国における高校生の職業観とキャリア経験の変化に関する縦断的研究―高校生の職業観形成に関する比較教育文化的研究（4）―」(『名古屋大学大学院教育発達科学研究科紀要（教育科学）』第 60 巻第 1 号，2013 年) をベースに寺田盛紀・紺田広明・清水和秋「高校生の職業観形成とその要因に関する比較教育文化的研究―6 か国における第 10 学年生に対するアンケート調査結果の分析から―」『キャリア教育研究』(日本キャリア教育学会) 第 31 巻第 1 号の「問題」(序論) と寺田盛紀・清水和秋・山本理恵「6 か国における高校生の職業観とキャリア経験の変化に関する縦断的研究―高校生の職業観形成に関する比較教育文化的研究（3）―」(『生涯学習・キャリア教育研究』第 9 号，2013 年) の 2 と 3 から編集．
第 8 章：「高校生の職業観形成に対する教育・生活活動の作用―日・独・韓 3 か国における高校 3 年生の生活時間の事例調査結果から―」(『生涯学習・キャリア教育研究』第 10 号，2014 年)．
第 9 章：書き下ろし．
第 10 章：書き下ろし．

　筆者は，1998 年ごろから，中央省庁の委員会・審議会でキャリア教育の政策論議に関わりを持つことが多くなった。それと併行して，内外のキャリア教育の研究調査を行ってきた。2006 年度以降は，自身の講座内領域の名称を「職業教育学」から「職業・キャリア教育学」に変更している。日本キャリア教育学会に対しても多少の寄与ができたのではないかとの自負もある。そういう意味で，本書は著者の教育・研究実践と社会的活動の 1 つの決算でもある。この機会に，著者にこのような様々の機会を与えてくださった諸先生，行政関係者の方々に感謝の意を伝えたい。

　　2014 年 6 月

　　　　　　　　　　　　　　　　　　　　　　　　大阪藤井寺の自宅にて
　　　　　　　　　　　　　　　　　　　　　　　　著者　寺田　盛紀

索　引

あ行
アビトゥア（Abitur）　130
アフターコード方式　123, 124
アルバイト経験　87, 97, 135
移行の架け橋　3, 71, 72, 138
インターンシップ　15, 39, 48, 57, 59, 72, 76, 112, 142, 144, 148, 150, 153
NHK 放送文化研究所　123, 124
MTP　172
エリクソン　29, 31
OECD　1
　──のレビュー　66
OJT　4, 5, 7, 165, 172-174
尾高邦雄　95
OffJT　4, 7, 172-174

か行
外的キャリア　161
外部市場　162, 167
課外活動　73
学習時間　125, 128
学士力　141
学卒無業　8, 75, 139, 174
鹿嶋研之助　38
価値観　118
学校から仕事生活への移行　1
学校から仕事への移行法　43
学校から職業への移行　31
学校推薦　73
学校による就職斡旋　3
金井壽宏　25
香山リカ　140
カリキュラム移行　2, 3, 66
カール. D. パーキンス職業教育法　43
企業間移動　4
企業実習　71, 72, 112, 115, 121, 154
企業内移動　4
企業内キャリア形成　32, 33
企業内教育　24, 71, 165, 168, 172
企業別組合　159
企業実習　107
技術・家庭科　54, 56

基礎的・汎用的能力　41, 141, 146
希望職業　88, 89
キャリア　18, 23, 26, 37, 38, 40, 41, 123, 135, 160-162, 168, 169
キャリア・アンカー　5, 161
キャリア・ステージ　30
キャリアイベント　98, 106
キャリアガイダンス　37, 41, 43, 47-49, 55, 56, 60, 65, 76, 147, 148
キャリア開発　24
キャリアカウンセリング　20, 30, 41, 47
キャリア学習　49, 57, 60
キャリア教育学　18-20, 138
キャリア教育学会　125
キャリア教育奨励法　42, 44, 59
キャリア教育・職業教育特別部会　22
「キャリア教育の推進に関する総合的調査研究協力者会議」の報告書　20, 40, 143
キャリアクラスター　43
キャリア形成　18, 21, 28, 38, 49, 58, 65, 138, 159, 165-168, 175
キャリア形成学　18
キャリア形成過程　1, 4, 28, 29, 32
キャリア研究
キャリア・コンピテンシー形成過程　2
キャリア志向学習　144, 152
キャリア準備システム　45
キャリア・専門教育　45, 47
　──全国普及センター　45
キャリア中期の危機　30
キャリアデザイン　24-26, 30, 58, 150, 153
キャリアデザイン学会　26
キャリアパスウェイ　43
キャリア発達　20, 22-24, 29, 41-43, 125, 161
キャリア文脈学習　48, 57
キャリアモデル 59, 94, 97, 98, 102, 106, 113, 118
計画的な OJT　173, 174
啓発的経験　53, 54, 55, 57, 76
小池和男　4, 26, 33, 160-163, 168
工業高校　71-73, 86, 87, 134
高校職業教育　3, 14, 138

索引　183

「高卒者の職業生活への移行に関する研究」最終報告書　9
高卒就職　3, 73
小杉礼子　32, 175
コミュニティカレッジ　77
雇用されうる能力（employability）　21
雇用の3形態　167
今後の初等中等教育と高等教育の接続の改善について　138

【さ行】
ザライ　123
産業社会と人間　40, 57, 58, 61
三種の神器　159
ジェネリックスキル　60
自己啓発　4, 172
仕事への移行　68
仕事への移行過程　65, 66
7・5・3現象　9, 75, 175
実績関係　3, 9
実績企業　73
「実践的総合キャリア教育の推進」プログラム　145
シャイン　5, 30, 24, 25, 31, 161, 162, 168, 169
社会経済生産性本部　12
社会人基礎力　141
社会的・職業的自立　147
就職斡旋　73
就職協定　39, 59, 142
就職指導　70, 73, 74, 107, 115, 118, 121, 122
就職不安感　151
終身雇用　7, 75　159, 168
終身雇用権（tenure）　162
シュプランガー　95
商業高校　71
初期キャリアの形成　4
職業安定所　73
職業安定法　73
職業意識　5, 12, 13, 20, 28, 31, 39, 91, 111, 118
職業科　52
職業・家庭科　53

職業観　12, 13, 21, 31, 39, 40, 49, 76, 86, 94, 95, 102, 111, 112, 121, 125, 136, 139
職業観育成　39
職業観・勤労観を育む学習プログラムの枠組み（例）　41, 60
職業観形成　20, 31, 48, 85, 91, 94-97, 111, 113, 115, 118, 121, 123, 126, 135, 144
職業観尺度　13, 96
職業基礎教育　71
職業希望　81, 85
職業希望遍歴　84
職業キャリア　27, 49
職業教育　2, 20, 21, 32, 38-40, 42, 43, 45, 48, 52, 53, 56, 59, 62, 70, 71, 74, 76, 115, 145, 146
職業教育に特化した新たな高等教育機関　146
職業教育の位置　49
職業教育の高等教育化　77
職業訓練　38, 59, 70
職業高校　5, 107, 111, 115, 122, 126
職業・作業分析　53
職業指導　38, 39, 52-54, 60, 147, 148
職業人生　7
職業選択　3, 5, 21, 77, 79, 81, 84, 90, 94
職業大学　146
職業的発達　23
職業への移行　70
職場内ローテーション　4
ジョブ・ローテーション　167, 169
ジョブ・カード制度　175
進学指導　54
進学普通校　67
新入社員　12
新入社員教育　5, 6, 165
心理的移行　12
進路決断　87, 90
進路決定メカニズム　79
進路指導　32, 37, 38, 40, 48, 54, 55, 65, 66, 68, 96
進路選択　65
進路多様普通校　74
進路不決断　140
垂直移動　5
垂直的キャリア　162
水平的キャリア　162

スーパー　23, 31, 30, 37, 95, 111
隅谷三喜男　159
生活時間　123, 124, 126, 128, 134
生活時間研究　123, 124
生活時間調査　126, 135
接続答申　20
前職業教育　54
全国一斉入社試験　73
専修学校　8, 145
専門学校　15, 58, 74, 77
専門キャリア教育　56
専門教育志向型のキャリア教育　152
専門高校　2, 38, 66, 77
専門大学　77, 132, 146, 163
総合学科　11, 40, 57, 58
総合的学習　68
総合的な学習の時間　38, 56-58, 76
組織間移行　3, 7, 8, 66

[た行]
大学におけるキャリアガイダンス　145
中央教育審議会キャリア教育・職業教育特別部会　145
中央教育審議会大学分科会　146, 147
中央産業教育審議会　53
TWI　172
テニソン　44
デュアルシステム　3, 72, 135, 166
デューイ　37
デリンジャー　159, 162
ドーア　159
特別活動　54

[な行]
内的キャリア　161, 169
内部市場　162
内部労働市場論　33, 159, 163
臭い嗅ぎ実習（Schnupperpraktikum）　72
日記式調査　124
日経連　7, 24
NEET　28, 31, 62, 74, 75, 143
日本キャリア教育学会　20, 37
日本的経営　7, 159
日本版デュアルシステム　15, 72, 175

年功制　4, 7, 159
望ましい職業観　38

[は行]
配置転換　4, 71, 169
ピオリ　159, 162
一人一社主義（制）　3, 9, 73
複線型雇用制度　7
普通科における職業教育　15
普通教育　42
普通校　68
普通高校　2, 66, 70, 79, 90
普通進学校　88
プリコード方式　123, 124
フリーター　28, 31, 62, 74, 75, 143, 174, 175, 177
フリーター志向　139
フリーター防止　48
フリックランド　53
ベネット　3
ホイト　41, 42, 48
ホームルーム　54, 68, 76
ホームルーム活動　56
ボランティア活動経験　135
ボローニャプロセス　141

[ま行]
マイスター　166, 167
マーランド　19, 42
ミネソタプラン　44

[や行]
4領域・8能力論　60

[ら行]
ライフキャリア　42, 48, 49
ライフサイクル　29, 43
ライフサイクル論　29, 44
リンチ　45
労働学習（Arbeitslehre）　56

[わ行]
若者自立・挑戦プラン　142, 174
渡辺三枝子　47, 60, 144

著者紹介

寺田　盛紀（てらだ　もりき）　岡山理科大学教授・名古屋大学名誉教授

略　歴
- 1950年7月　　大阪府生まれ
- 1978年3月　　関西大学大学院社会学研究科博士後期課程（産業教育学分野）単位取得
- 〃　　4月　　関西大学非常勤講師
- 1987年1月　　金沢大学教育学部助教授
- 1995年4月　　名古屋大学教育学部助教授，博士・教育学（名古屋大学）
- 1997年4月　　名古屋大学教育学部教授
- 2000年4月　　名古屋大学大学院教育発達科学研究科教授（現在に至る）
- 2006年4月～2008年3月　名古屋大学教育学部長・教育発達科学研究科長
- 2016年4月　　岡山理科大学教授

主な著書
- 『近代ドイツ職業教育制度史研究―デュアルシステムの社会史的・教育史的構造―』風間書房，1996年
- 『ドイツの職業教育・労働教育―インターンシップ教育の1つの源流―』大学教育出版，2000年
- 『新版　ドイツの職業教育・キャリア教育―デュアルシステムの伝統と変容―』大学教育出版，2003年
- 『キャリア形成・就職メカニズムの国際比較―日独米中の学校から職業への移行過程―』（編著）晃洋書房，2004年
- 『日本の職業教育―比較と移行の視点に基づく職業教育学―』晃洋書房，2009年，第2刷2011年

キャリア教育論―若者のキャリアと職業観の形成―

2014年9月26日　第1版第1刷発行
2016年4月21日　第1版第2刷発行

著者　寺田　盛紀

発行者　田中　千津子
発行所　株式会社　学文社

〒153-0064　東京都目黒区下目黒3-6-1
電話　03（3715）1501 代
FAX　03（3715）2012
http://www.gakubunsha.com

© Moriki TERADA 2014
乱丁・落丁の場合は本社でお取替えします。
定価は売上カード，カバーに表示。

印刷所　新灯印刷

ISBN978-4-7620-2475-7